躺著就贏　人生就是不公平

股魚

最強存股祕技

股　魚◎著

目錄

第1章 > 基礎先修班

釐清存股、定存股差別，以免造成期待落差／用閒錢來投資，不怕中途虧損影響生活／用個性理財測驗，判斷自己是否適合存股

優先還清高利貸款，投資心情自然輕鬆／想累積第一桶金，每月薪水先支付給自己／做好買房儲蓄規畫，投資計畫才不會中斷／若本金有10萬元，可先嘗試各種投資工具／本金達50萬元，即可開始配置投資組合／投資組合應配置不同產業，降低波動及風險

第2章 > 新手敲門磚

若想長期持有定存股，財務數據是必看資訊／第1招》連續配發10年現金股利／第2招》ROE大於8%／第3招》本業收入比率超過80%／第4招》企業經營為民生基礎

第3章 **進階投資學**

營業利益率成長或持平／存股風險指標3》營業活動現金流
量應大於0／存股風險指標4》估價沒有超漲變貴／存股風險
指標5》能否安心抱股睡覺／存股風險指標6》無負面消息
（蟑螂）

第4章 › 不敗操作術

(推薦序) 賺取市場上的合理報酬

「大俠，每年賺幾％才能安然的退休？」網友問。

大俠將右手舉了起來，比了個5。

「是500％？還是50％？」網友回問。

「是5％。」大俠緩緩說道。

多年前的大俠，老喜歡追求10％或20％的進進出出，但隨著本金投入愈多，績效逐漸轉變成只追求平淡的5％。從前的策略，讓大俠在連假前對於留倉與否，都需要煩惱再三，更違論是退休財務規畫的執行。

從追逐高獲利到後來願意回歸到穩定賺5％，往後本金再更大些，大俠就會去追求只賺4％的方式，再來3％的配置。要知道執行長期投資的策略，根本不需要什麼花招跟技巧，就只是重劍無鋒，大巧不工。

大俠常在粉絲專頁裡頭談到5％哲學概念，就是在不斷地教導大家，如何在股票市場中取得合理的年化報酬率。

買進好公司股息再投入，就算是少少的 5%，也能在 14 年之後靠著複利翻出 1 倍的報酬率。如果再伴隨著公司的成長，股東分紅發放愈多，大俠認為很有可能只要 11 年左右，就能提早達成資產翻倍的報酬率。所以 5% 根本不只是 5%，在長時間的複利催動下，財富自由離我們其實並不遙遠，遙遠的只是要不斷地克服自己的人性罷了。

每年每月都會有一批批剛進市場的新人，大俠常看到他們因為急於追求速成的投資報酬率，導致自己在前往財富自由的路上，喪失了所有財富。

或是有些新人明明投資的是好公司、好的 ETF，但卻因為不善於資金控管，讓自己在市場過熱且眾人極度歡樂中，執行了「高點重壓梭哈進場」的動作。也因著在經驗上的不足，新人往往難以撐過我們老早習以為常的股市健康回檔修正，於是在低點砍股票殺出，從此對投資市場心灰意冷再也不敢提及，對於財富自由那更是不敢再多想了。

正所謂書中自有黃金屋，遇上問題除了要跟長輩們請教，還要買幾本真材實料的投資理財書籍來閱讀，從前輩身上吸收他們數十年以上的經驗，藉此來強化自身的投資理財之道。

這次很榮幸接受《Smart 智富》的邀請，為存股達人股魚的新書《躺著就贏 人生就是不公平：股魚最強存股祕技》寫這

本書的推薦序。

股魚一直是大俠非常欣賞跟推崇的財經界達人,書中談的觀念也正好與大俠我不謀而合。這本書裡頭會花大部分的篇幅,跟讀者談如何賺取市場上的合理報酬,而非一味地吹捧如何炒股票來賺大錢。

我們在這條投資路上都看得太多了。有許多人想要靠投資來賺到財富自由的身家,但真相是絕大多數的人,在急於追求速成的財富過程中,反倒是失去了所有投入的資金,黯然退場。所以大俠常講一句話「專注本業,閒錢投資」,就是一直在談資金的正確取得、如何做好資金管理,以及選對市場或公司來進行長期投資。

股魚也在這本書裡頭,一步步帶領小資族從存股先修班進入進階班,讓剛進場的小資者,或者是已經在市場上待了好一陣子的投資者,都能得到非常好的導引。在最後,大俠又要講那句老話了,「專注本業,閒錢投資。」

願股息能 Cover 你們 365 天的每一天。

金融股投資達人

大俠武林

投資路上最信任的達人

　　認識股魚已經 10 多個年頭，當年他還在科技業擔任研發要角，非常典型的工程師——格子襯衫搭配 AB 牛仔褲。

　　股魚擅長用財報選股，只要該檔股票沒有符合股東權益報酬率（ROE）水準、沒有出色的財務三率（毛利率、營業利益率和稅後淨利率）、沒有適切的配息、沒有他看好的產業特性，股價再飆漲他也不會碰。而對於符合選股條件的股票，股價走得再溫吞他也會抱，直到公司不再符合選股條件為止。

　　過去在平面媒體工作時，每個月和股魚配合一次專欄的我，到後來愈來愈會「拗」他，「反正你（指股魚）選股最忙、最辛苦，我簡單整理你每個月的觀察，就可以領稿費。」當然，我們也常一起找個餐廳，把稿費吃掉。

　　之後，我從平面媒體轉職到電視台，曾經一度覺得，這種快速轉變、需要高度戲劇表演性的媒體特質，可能再也無法和股魚做配合。但看來彼此的緣分斷不了，我做了一個由網路起家

的《理財達人秀》節目，純教學、聊觀念、達人都是好友，而股魚這位多年老友，立刻成為合作的首選。

再相遇，我看著股魚驚呼，「哇賽，股魚你這樣的工程師裝扮和投資心法，10 年來竟然完全沒有改變過。」我們在《理財達人秀》中，創出一個很棒的單元〈存股 Debug（存股敵 8 個〉〉，由我和股魚雙人搭檔，一晃眼，竟也過了快 2 年的時光。

股魚讓人最欽佩的一點，是他完全奉行他說的投資邏輯，不會表面說一套、私底下做一套，論點和邏輯永遠一致。他有一次在節目上提到，幫女兒從出生就開始存股，等女兒大學畢業後，每個月光股息應該就能領到 2 萬元。

我們記者同仁聽聞這麼厲害，想要採訪他。採訪當下，他們要求股魚拿出女兒的證券存摺來驗證，我心想：「唉唷，節目講講，誰會照著做啦！」沒想到股魚大方拿出女兒的證券存摺出來驗證。這種言行如一的行為，讓我們多年彼此信任、彼此欣賞，也培養出真切友誼。

祝福股魚的第 4 本書《躺著就贏 人生就是不公平：股魚最強存股祕技》，能夠成為散戶朋友最好的投資寶典。這裡頭也加入了《理財達人秀：存股敵 8 個》的心血，我們共創一個觀念正確、簡單可行的存股方法，不需要天天看盤、殺進殺出，

不需要一個波動就擔心受怕，更不需要預測股市高低點，就能把投資財穩穩賺入手。

　　最重要的是，當你知道這本書的作者，是真實奉行著他的投資邏輯而提早退休，你可以直接用一本書吸收他的苦心功力，這真的是全世界最幸福的事了！

東森財經台總監

李兆華

(推薦序) 打造投資的黃金打線

　　我是 2019 年第 1 次見到股魚，這是在一堂財報和法規的課程，當時我和股魚算是同班同學，教室大概有 20 幾位學生，每次我都是最早到教室坐在第 1 排，而股魚都是第 2 個進教室，坐在我後面，可見我們倆有多認真；我也記得每次講師提出問題，都是我和股魚最先答出正確的答案，可見我們兩位有多麼優秀。

　　我在股票市場也有 20 年了，各種投資方法自己都親身經歷過，我也遇見過各式各樣的投資人，大概講個幾句話，就知道對方的投資屬性還有投資功力。古人說「話不投機半句多」，而我和股魚在那 2 個月的課程當中，聊了不少投資話題。股魚對投資市場認識之深，我著實學到不少，而股魚也就是從那時靠著投資得到財富自由，離開職場，成為現在的「存股 Debug」（存股敵 8 個）專家。

　　真高興股魚出了這本存股祕技，可以造福所有想要成功的投資人，我有幸可以先睹為快，並為讀者們導讀作序。

看著股魚書中的說明，也想到自己過去多年的投資經驗。還記得我剛退伍時，都是短線操作，每每遇到行情波動，總是影響自己的上班情緒；要是賺錢也就罷了，最慘的是最後還賠錢，自己瞎忙、窮忙了這麼久，到頭來是一場空。當時我沒有目標，只想趁每次股價波動時賺一點點，誰知道最後不只沒賺到一點點，還賠了很多點。

後來學習股神華倫‧巴菲特（Warren Buffett）的價值投資存股精神，才真正明白股票的意義，當我買進一檔股票之後，我就擁有了這家公司的一部分。我們是公司股東、也可以把自己視為公司的老闆，靠著公司經理人的努力，跟隨著公司的獲利不斷成長，就能分享公司的營運成果。

舉個例子，我在 2005 年買進 1 張股票恆義（4205，現改名為中華食），當時買進價格大約是 16.2 元，這檔股票我一直持有至今（2021 年 3 月）；經過 16 年配股配息之後，我總共領到 35.8 元的現金股息，已經遠遠超過我買進成本（俗稱零成本），而且 1 張股票經過配股之後，如今成為 1.464 張。未來的未來，這檔股票每年會繼續發放現金給我，這就是存股的魅力所在。當時我的目標就是每年領的股息要超過我的年薪，我就可以財富自由、不用工作了，這就是我投資的「目標」；一旦有了目標，接下來就是如何執行的問題了。

讀者可能會問，如果你存股存到宏達電（2498）、存到華

映（已下市）、存到益通（已下市）的話，怎麼辦？沒錯！這個問題很好，知識就是力量，書中自有黃金屋，我們就要透過學習，如何分辨好股票與壞股票；這就要閱讀股魚的大作了，股魚會教你如何找到賺不停的好公司。

本書從什麼是存股、哪些人適合存股談起。接著，開始談論存股的技巧和方法。像是可以利用「股魚基礎選股4招」挑出優質「定存股」，讓你安心領取現金股利。或者利用「股魚存股進階指標」，找出可以加速累積資產的「成長股」，這就是我的菜了。因為我喜歡股利與成長雙贏，投資組合除了要有穩定高配息的股票之外，還有攻擊型的成長股；股魚在本書當中也會教你如何挑選黑馬股，穩中求勝，打造黃金打線、最佳十人，盡可能創造最好的投資績效。

而眾多存股達人青睞的金融股，股魚也沒放過，他在書中鉅細靡遺地介紹金融股的種類（包括壽險、銀行、證券、票券），還有各項財務數字指標和配息率。此外，能徹底實現「不看盤投資術」真諦的ETF，也是股魚的論述重點，他在書中幫大家整理出各種類型的ETF（包括股票型、債券型、月配息、年配息……等），並整理配息的月份和評價方式，讓初入股市的新鮮人，或者忙碌沒空看盤的上班族，都能輕易上手存股。

喜歡看股魚「存股敵8個」影片學習存股知識的投資人，現在還可以透過《躺著就贏　人生就是不公平：股魚最強存股

祕技》這本書，更深入學習存股的知識，是精華中的精華。想要靠存股達成財富自由的朋友，千萬不能錯過本書，華倫老師由衷推薦。

《養對股票存千萬》作者華倫

周之偉

Debug存股誤區
提早開創第二人生

　　隨著台灣平均餘命的數字不斷增加（詳見圖1），與新聞媒體經常有意無意地提醒「現行的退休金機制不足以滿足國人的退休需求」，讓許多人開始紛紛正視起投資的議題。另一方面，海外也吹起「FIRE」（Financial Independence, Retire Early，經濟獨立，早早退休）的運動風潮，讓許多年輕的朋友期待能透過投資，盡早實現財務獨立，不用一輩子綁在早八晚五的辦公室生活中，進而開創自己的第二人生。

　　不論你是為了安穩退休而準備，還是為了提早實現財務獨立而準備，都要先認清楚一件事情：單靠公司給付的薪資來實現財務面目標，是很困難的一件事情！除非你是公司的高階主管，可以領取高額的薪資待遇，否則身處一般企業內的員工，光是能維持生活品質就已經很不錯了。

　　在上課時我問過學員一個問題：「你跟公司比，誰賺錢的效率高？」，所有人都異口同聲地告訴我，公司賺錢的效率高，那麼解決財務問題的方法就簡單了。既然公司賺錢的效率高，

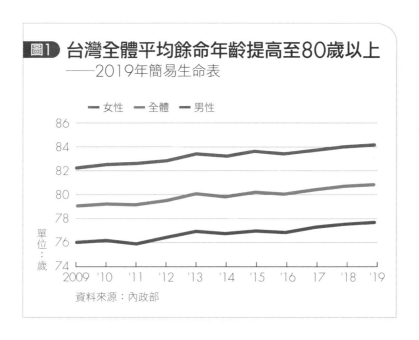

圖1 台灣全體平均餘命年齡提高至80歲以上
——2019年簡易生命表

女性 — 全體 — 男性

資料來源：內政部

那麼我把資金交給公司，讓公司幫我賺錢，不就得了嗎？而這也就是為什麼你需要學投資的原因。學投資主要就是在判斷以下 2 件事情：

1. 哪一家公司比較會賺錢？
2. 該用多少錢買進才合理？

找到對的公司幫你賺錢，便有機會提早達成財務面的目標。早期在科學園區工作，工作的時間長與產線良率的精神壓力遠高於其他職業，當時便期勉自己能夠早日達成財務目標，讓自

己有更多的選擇機會。就實際面來講,我在41歲時便達成「財務獨立,及早退休」的目標,而這樣的過程,恰巧也是 FIRE 運動所想達成的效果。

在離開科學園區的職場後,與東森財經台的主持人李兆華閒聊,她談到,希望能將我退休前利用投資壯大財富中所使用的投資技巧搬上節目,用較輕鬆活潑的風格來揭開財報投資那層生硬嚴肅的面紗。也因為如此,產生了《理財達人秀:存股敵8個》這個節目(詳見圖2)。敵8個=Debug(除蟲、偵錯),除了暗示我是一個工程背景出身的人以外,也暗示節目內容要來教導如何消除投資人在存股過程中的各種 Bug(錯誤)。

踏入電視圈是一段奇妙的旅程,從嚴謹的工程師轉變成要能說學逗唱的節目主講,這轉變不可謂不大。但必須說,人生就是不斷嘗試新鮮事來豐富生命閱歷,也因為透過投資提早達成財務目標的關係,讓人有底氣勇敢地跨入截然不同的領域。

可惜的是,由於節目製作時長限制的緣故,使得存股技巧在呈現上常常有許多限制,包括每段節目都有特定的主題,並非按照傳統教學的模式來規畫內容。甚至有時候會因為影片時間長度的關係,將內容予以調整,使得最後成果出現有點跳躍式的進行,也讓許多想透過節目學習投資技巧的朋友效果打折。

故將節目內容中所使用的各種投資技巧,由入門到實戰的過

圖2　透過節目分享存股投資技巧
—《理財達人秀：存股敵8個》節目畫面

理財達人秀
MONEYSHOW

存股敵8個

股魚 存股工程師　　李兆華 主持人

15檔倒不了＋連配20年股利
學會1指標　財富自由現金隨你花

資料來源：東森理財達人秀

程重新編寫成《躺著就贏　人生就是不公平：股魚最強存股祕技》這本書。全書從什麼是存股談起，中間會幫大家剖析哪些人適合存股、存股該看哪些指標、應該要怎麼存等等，一路聊到存股實戰教學和存股心法，藉由以淺入深的形式，來帶領各位讀者學習存股的投資技巧。希望能夠透過此書完整呈現《理財達人秀：存股敵8個》所想表達的全部內容，並協助各位Debug存股會遇到的誤區，一同感受投資所帶來的美好。

第 1 章

基礎先修班

(1-1) 確定存股初衷 耐心等待公司價值成長

台股自 2009 年以來,經歷了長達 10 幾年的大多頭,且不斷創下歷史新高(註 1)。股票市場日趨熱絡的同時,各種投資方法紛紛出籠。其中,又以將好股票抱緊處理的存股投資為大宗,許多存股達人在這波牛市中績效紛紛勝過大盤,而「存股」一詞也變成了散戶明燈、投資流行概念。

釐清存股、定存股差別,以免造成期待落差

然而有趣的是,即使存股已經成為當今股市中的顯學,但我對於大家是否確實懂得存股的真意,抱持懷疑態度。就我個人的觀察,許多人常常把「存股」和「定存股」混為一談,但其實兩者是不一樣的概念。

先來介紹什麼是「存股」。「存股」這兩個字,很容易讓大家聯想到「定期儲蓄存款(簡稱定存)」,會誤以為「只要長時間把錢投入特定股票後,不只每年可以賺到股利,本金也不會變少」。但事實上,股市的波動遠高於定存,即使公司的營

業再穩定、價格波動再低，股價也有可能受到大環境的系統性風險影響而下跌（像是 2008 年的金融海嘯、2020 年新冠肺炎疫情（COVID-19）造成股市崩盤等），甚至拿到的股利有可能無法彌補本金的虧損。因此，「存股」不應該套用「定存」傻傻存的想法，而是要用「種樹」的概念去思考。

對我來說，存股就像是選擇好的種子（選股），選擇好的栽種時機（買股），然後定期澆水施肥（加碼），等待種子吸收養分長大、枝幹變粗（公司營收獲利增加），逐漸長成枝葉茂盛大樹的過程（股票部位及市值成長）。而且，還能收成甜美的果實（股利），再繼續播種（股利再投資）長出一片樹林（詳見圖 1）。

也就是說，存股比較像是投資人雖然看好某一家公司未來的發展，但可能因為一開始資金還不充足，或是還在觀察期，不敢投入太多部位等緣故，所以採取「有錢就買」或是「分批買進」的策略，一直反覆把錢拿去買同一檔股票，看起來會很像把錢都存在某家公司的股票。

那什麼是「定存股」概念呢？定存股的出現是因為市場上有

註 1：台灣加權股價指數從 2008 年金融海嘯的低點 4,000 點左右，漲到了 2021 年 1 月的 1 萬 6,000 多點，成長了近 3 倍；投資人累計開戶數也從 2008 年的 1,487 萬 7,146 戶，來到 2020 年 11 月的 2,043 萬 4,625 戶，成長了 37%。

圖1 存股過程像種出一片樹林

——種樹 vs. 存股

| 精挑種子 | 栽種 | 澆水施肥 | 樹苗長大 |
| （選股） | （買股） | （加碼） | （公司營收獲利增加） |

| 長成茂盛大樹 | 開花結果 | 長成一片樹林 |
| （股票部位成長） | （獲得股利收入） | （股利再投資） |

一類投資人，基於銀行定存利率太低（2021 年 2 月 1 年期定存利率約 0.8%），拿到的利息不夠彌平通貨膨脹風險，因此轉而投資「股價波動小，但現金股利殖利率高」的公司。

對於買進「定存股」的投資人來說，多半抱持著股票市值如果成長是很好，但基本上只要能夠維持穩定水平即可，主要追求每年可以領取穩定的現金股利。像是許多投資人青睞的電信龍頭股中華電（2412），就是很標準的定存股。大家在買進

圖2 投資存股是為了追求資本利得
——存股vs.定存股

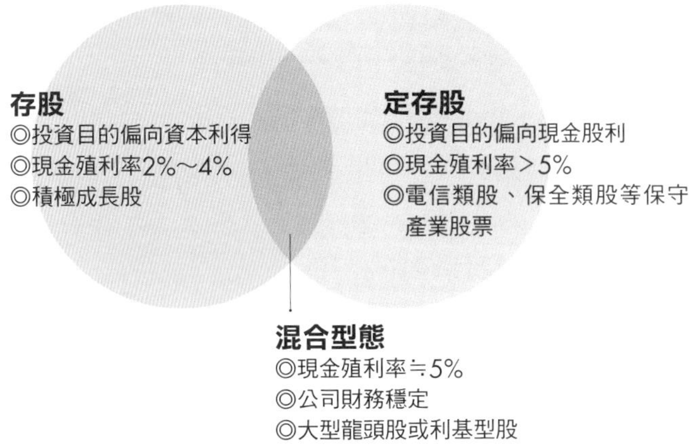

存股
◎投資目的偏向資本利得
◎現金殖利率2%～4%
◎積極成長股

定存股
◎投資目的偏向現金股利
◎現金殖利率＞5%
◎電信類股、保全類股等保守
　產業股票

混合型態
◎現金殖利率≒5%
◎公司財務穩定
◎大型龍頭股或利基型股

中華電時，期待的都是它所配發的股利，而不是有可能產生的價差。

　　由此可見，投資「定存股」的目的主要是偏向於領取現金股利（詳見圖2），現金殖利率要求多為5%以上，股票價位波動較低，通常產業的性質也趨向於穩定保守，例如：電信類股、保全類股。

　　然而，「存股」投資人追求的則是偏向於長期資本利得，持股的現金殖利率2%～4%較為常見；若投資標的為積極成長

股，其現金殖利率甚至會低於 2%。低現金殖利率通常意味著股價成長機會較高，這點從現金殖利率的公式即可看出：

現金殖利率＝現金股利 ÷ 當時股價 ×100%
（若現金股利不變，則股價愈高時，殖利率則愈低）

若是投資人搞錯「存股」和「定存股」兩者的定義，恐怕會失去投資初衷。例如 20 幾歲的年輕人，希望手中資本能夠快速放大，那麼所買的標的最好是有價差可賺的存股。若是將錢全部拿去買定存股，那麼可以預見的是，他的財富增長速度雖然穩定，但卻很緩慢，無法達成快速滾大資本的目標。

當然，投資市場上未必都是非黑即白，「存股」和「定存股」之間也可以有交集，也就是所謂的混合型態。就混合型態來說，多半持股殖利率會貼近 5%，且獲利能力呈現緩步增長，經常為利基型個股或大型龍頭股。

混合型態讓投資人在平時有足夠的現金股利作為長期收益來源，其所投資的個股若搭上產業題材，有機會帶來一波不錯的資本利得收益。「進可攻、退可守」是混合型態的最佳詮釋，市場上存股標的討論多屬於這種形式。

基本上，前面介紹那麼多，主要是為了幫助大家釐清「存股」、「定存股」和「混合型態」的差別，但無論你選擇投資

哪一個，都能夠幫助你達到放大資產的目標。你唯一要確認的是，你的投資初衷為何？若是只想穩穩領息，可以優先考慮「定存股」；若是想加速累積資金，可以優先考慮「存股」。當然，你想要將兩者互相搭配一起購買也行。

拿我過去的經驗來說，早期投資時偏好產業具成長性，但股價牛皮的標的（編按：指股價難有大波動的股票），例如聚陽（1477）。聚陽在當時是屬於「高扣抵稅額公司」，其所負擔的稅負很高，導致股價長期被低估。像是公司常常稅前每股賺 7 元，但繳完稅後每股只剩賺 4.2 元（以稅率 40% 計算，7 元 ×（1 － 40%）＝ 4.2 元）。若用每股稅前盈餘 7 元來看，就會發現公司的本益比明顯偏低。

雖然說聚陽的股價表現不佳，但因為當時是採用「兩稅合一設算扣抵制」（註 2），在這種稅制下，投資高扣抵稅額公司可以拿來抵稅。而我也曾經因為投資這類高扣抵稅額的公司，連續 7 年不用繳稅，甚至還可以退稅。不過自從 2018 年政府修改稅制以後，現在已經沒有這種稅負效益了。而我自己的投資組合，也隨著稅制更動轉成以「定存股」搭配「存股」的方式為主（詳見 3-1）。

註 2：兩稅合一設算扣抵制是指將營利事業所得稅與綜合所得稅兩種稅目合而為一的稅制，採用「設算扣抵法」，也就是公司所繳納的營利事業所得稅，在股東繳納股利綜合所得稅時可以全部抵繳，不過此稅制已於2018 年廢除。

用閒錢來投資，不怕中途虧損影響生活

不過大家要注意的是，無論你所投資的是「存股」或「定存股」，都需要經過一段時間才能看出成果，所以你挑選的股票，必須以績優股為主，不能挑選獲利不好的公司。

這個道理也很簡單，你會希望自己是一家一直以來產品都很賺錢、經理人正派經營，且財務數據透明的公司的老闆？還是你希望自己是一家產業日落西山、經理人不務正業，且財務數據不透明的公司的老闆？

很自然地，你會選擇前者，因為這樣的公司資金運用效率比較好，投資人可以拿到更好的回報。所以總結存股概念，其實就是「把錢跟資源交給比我更會賺錢的公司」，而不會因為自己的能力受限。

另外，要提醒大家的是，用來投資「存股」或「定存股」的這筆錢，必須是生活所需以外多出來的錢，也就是扣掉緊急預備金、保險費等必要開銷以後，所剩下來的閒錢。這樣一來，即使你在達成財務目標的中途產生虧損，也不會影響生活。

至於怎麼樣評估一家公司是好或不好？最簡單的方法就是觀察公司財務報表的變化，而財報數據也就成為你在操作股票時加減碼的依據。因此，對於想要投資「存股」或「定存股」的

人來說，得看企業財務報表做投資決策，而非用技術線型來做決策（評估方式詳見第 2 章）。

用個性理財測驗，判斷自己是否適合存股

介紹完「存股」和「定存股」的基本概念後，接下來要看的，就是「誰適合存股（此處涵蓋投資「存股」和「定存股」兩種方式，下同）？」總的來說，在實際投資時，並非你想做存股就一定能夠成功，因為股票投資成敗與否，人性及心理素質還是占最主要的關鍵。

早期我在上課之前，都會先給學員做一個國外心理測驗——個性理財測驗（The Wealth Equation）。這是由彼得·塔諾斯（Peter J. Tanous）針對個人特質與投資行為研究所設計出的測驗，其中用 4 種理財顏色來將受測者的投資屬性做分類。

個性理財測驗分為 A、B 兩卷，約有 60 題。題目主要是詢問投資人面對特定狀況時的決策與想法，例如理想的投資週期、投資目的、喜歡有準則的投資還是直覺性的投資、對風險的承受度等。做完測驗以後，就知道這些人是否適合學存股，還是只適合做短期價差買賣。

根據個性理財測驗的結果，可以將投資人分成紅色、藍色、綠色、金色 4 種屬性（詳見圖 3），分述如下：

1. 紅色屬性投資人

「紅色屬性」的投資人偏好賺價差，喜歡快進快出、交易頻率較短，常聽到消息就衝進場拼了。用金融業的投資屬性測驗來說，就是積極型投資人。實務上，由於此類投資人性子較急，多半無法安下心來做存股，除非是投資輸錢輸到皮肉痛，決定用心去了解存股內涵，才有可能轉型，但是機率多半不高。

對於紅色屬性的投資人而言，與其花時間學習存股，倒不如改學習技術線型練習做波段操作，也許更有機會成功。

2. 藍色屬性投資人

「藍色屬性」的投資人願意看財報數據投資，但他們的交易風險偏好度大，喜歡投資高波動類型股票，尤其是技術線型呈現「谷底翻揚（股價慘跌後開始回升）」，或財務數據剛開始轉虧為盈、邁向成長的公司。

例如高爾夫球具代工大廠明安（8938）這種股價長期低迷、財務數據也不佳，卻有朝一日搭上碳纖維題材，整體突然開始往上的公司（註3）。像這種業績起伏高、財務數字轉強且轉虧為盈的個股，就是藍色屬性投資人的最愛。

3. 綠色屬性投資人

「綠色屬性」的投資人喜歡交融各種方法的優點操作，最常見的是用基本面選股，搭配技術線型操作。但這種想要「看長

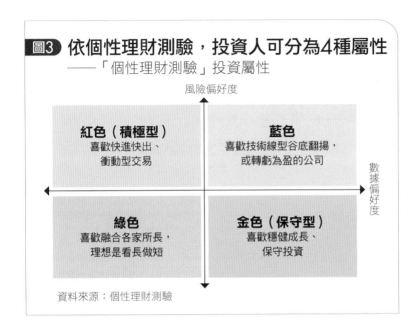

圖3 依個性理財測驗，投資人可分為4種屬性
——「個性理財測驗」投資屬性

風險偏好度

紅色（積極型）
喜歡快進快出、
衝動型交易

藍色
喜歡技術線型谷底翻揚，
或轉虧為盈的公司

數據偏好度

綠色
喜歡融合各家所長，
理想是看長做短

金色（保守型）
喜歡穩健成長、
保守投資

資料來源：個性理財測驗

做短」的類型在投資市場上很少會成功，因為「基本面與技術面的操作邏輯是顛倒的，技術線型的逃命點可能是基本面的進場點！」一旦同時採用兩個方法，在某些關鍵時點會不知道要相信哪種。

就我的觀察來看，「綠色屬性」投資人的存股信心只存在於

註3：明安原本的 ROE 數值區間落在 15% ～ 20% 之間，但碰上高爾夫球運動熱潮退燒與金融危機業績大幅衰退等影響，使得 ROE 一度衰退到2013 年的 -3.63%。2015 年，明安因為切入碳纖維材料市場使得業績出現起色，ROE 也逐步走高到 15.5%（2019 年）的水準。

季線以上，季線以下就只會波段交易。殊不知，對一家長期績優公司來說，股價在季線以下時，正是存股的甜蜜點。

4.金色屬性投資人

「金色屬性」的投資人是真正能成功存股的類型，他們的個性多半較為保守，且相信數字，是金融業投資屬性測驗中的保守型投資人。這一類的投資人喜歡持續獲利、營運數字不會上上下下變動的公司，尤其偏向數據穩定的個股，並不喜歡找谷底翻身的企業。

對於金色屬性的投資人來說，他們在投資前會先找到可信的關鍵數字，並且耐心等到數據是他所喜歡的才會出手。像是股神巴菲特（Warren Buffett）等知名存股大師，都是金色屬性的投資人。

以上，就是「個性理財測驗」的 4 種測驗結果。根據我的經驗，上課前先做完這樣的心理測驗後，如果學員都以藍色跟金色屬性為主，當天大家會認真學習財報關鍵數字，也不會問偏離存股及基本面範圍太多的問題。

但如果當天出席的學員，多半是紅色及綠色屬性，則容易因為認知不同，而一直質疑存股的邏輯。例如，這類學員常以「股價已經搶先反映現況了，看財務數據投資不合理」，或是「財務數據太落後」等問題質疑，在學習上呈現事倍功半的效果。

因此，當你選擇繼續閱讀這本書之前，請先問問自己，能否耐得住性子抱股等待價值成長，還是很容易被市場上的風吹草動影響，馬上就想衝動交易？唯有先了解自己的本性，才不會到最後搞砸了，又覺得是存股方法不好，但挑剔半天最後沒賺錢的仍然是自己。

1-2 投資前先理債、理財才能安穩存股

很多上班族、小資族沒有投資的基礎,也沒有時間看盤研究,因此想透過存股(指投資存股或定存股,下同)的方式累積資金及資產。然而俗語說的好,「磨刀不誤砍柴工。」在開始存股前,仍有一些東西需要預做準備。至於要準備些什麼東西呢?

我認為,除了要擺正自己的心態之外,最需要特別提醒大家的就是「先理財再投資」,甚至是「先理債、再理財,後投資」!

優先還清高利貸款,投資心情自然輕鬆

為什麼這樣說呢?因為現實中,很多人其實是想用投資來解決債務問題,例如透過投資把錢變大,以解決手上的學貸、信貸、房貸等,但這需要考慮利率及報酬率問題。

像房貸的利息較低,約為 1% ～ 2.5%,因此投資人有機會

表1 卡債、信用貸款及車貸利率皆較房貸高

——債務利率比較

債務種類		年利率（%）	借款50萬元年利息（元）	還款建議
信用卡債		12.0～20.0	60,000～100,000	利率高，應優先償還
信用貸款		2.0～18.0	10,000～90,000	
汽車貸款	新車	3.5～6.0	17,500～30,000	
	中古車	6.0～11.0	30,000～55,000	
房屋貸款		1.0～2.5	5,000～12,500	利率較低，有機會撐到投資利得大於房貸的機會

註：若投入 50 萬元存股，初期年化報酬率可能 5%、獲利 2 萬 5,000 元，完全無法負擔高利債務利息

撐到投資利得大過於房貸的時候；但信貸、車貸的利率較高，從 2% ～ 18% 都有可能。然而，投資人在初期投資及存股的投資報酬率沒有這麼高，當你付出的利息費用比投資報酬率還高時，是無法解決債務問題的（詳見表 1）。

要投資得好，心情必須穩定，才不會做出錯誤的判斷，因此須先做好「理債」及「理財」，尤其不能背著高息債務做投資。當你每個月要繳一筆利息，還要攢出錢存股，且存股的回報還需要一段時間才看得到時，那一點都不輕鬆。而且，會有債務就是因為手邊現金不足，才須跟銀行調度資金。若是不先

理債，反而滿腦子只想著投資，就有一點本末倒置了。

與其邊還債邊投資，不如在最短時間內還清高息債務。如此一來，提早還款所省下的利息支出，等於是可拿去專心投資的本金。至於低利率的貸款、每月本利和不高的房貸，尚可歸類為較優質的負債。

而且，就實務來說，很多人是在理完高息債務後，才有辦法存下房屋頭期款並繳出每月的還款，所以房貸帶給投資人的負擔是相對輕微的。也就是說，只要你能事先規畫好資金用途、合理進行分配，投資心情自然會比較輕鬆。

想累積第一桶金，每月薪水先支付給自己

那麼小資族究竟該如何累積第一桶金，或是分配每月可運用資金呢？其實還是老話一句，「要建立儲蓄的習慣。」尤其年輕人想要積極讓資產部位增長的話，建立強迫儲蓄的習慣是很必要的。

因為人大多有追求享樂的天性，尤其現在很多年輕人常追求小確幸，加上網路購物方便又經常有促銷，每個月幾乎都有買東西的理由，例如母親節、父親節、情人節、百貨公司週年慶、過年、中秋節、伴侶生日、雙 11、雙 12 等。每次東買一點、西買一點，存下的錢就相當有限，甚至變成「月光族」或是超

支。如果平時習慣又是手中有多少錢就花多少，那麼除非有富爸爸，否則要存到第一桶金很困難。

　　若真的把投資視為一件重要的事情，準備存錢累積第一桶金，那可千萬不能先把錢支付給別人。也就是說，不能薪水發下來以後就先消費，等到月底看看手邊還剩多少錢才拿來存，而是要把錢「優先支付給自己」。把要儲蓄及投資的錢，優先從薪水中扣除，存入單獨的帳戶中。

　　例如每月收入 3 萬元，薪水入帳後應該直接轉帳 5,000 元～1 萬元到儲蓄或投資帳戶中，而房租、水電瓦斯、通訊、交通、保險費、稅費等固定開銷，也可以利用每日記帳來抓出平均數據，這筆錢同樣在薪水發下來之後就直接轉到支付帳戶。至於吃喝玩樂及雜支就只能用剩餘收入，可順便抑制無謂的消費（詳見圖 1）。這樣一來，就算每個月將所有剩餘收入都花光，投資部位一樣都會達標。

　　這種每個月先把薪水撥到儲蓄或投資帳戶的方式，跟投資儲蓄險有些類似。許多人購買儲蓄險是因為覺得它可以「強迫儲蓄」，因為若你無法按時支付保費，會有合約違約的問題。而且，有保險業務幫忙提醒繳款，所以較容易達成儲蓄的目的。可是儲蓄險的問題在於，若提早解約可能會讓本金有虧損，且投資這件事情能否持續都還是取決在自己身上，故而幫自己設計一個「優先支付給自己的重要目標」的做法，才是較好的儲

圖1 薪水扣除投資、固定支出，才是消費支出
——強迫儲蓄方式

| 發薪日 | 領薪3萬元 |

↓

| 先將投資資金轉帳到投資帳戶 | 每月固定 5,000～1萬元投資 |

↓

| 再留下生活固定支出 | 每月1萬5,000元房租、水電、通訊、交通費、稅費 |

↓

| 剩餘收入作為日常花費用 | 剩餘為吃喝玩樂雜支 |

蓄方式。

即使是沒有固定底薪、採用獎金制度的業務人員，也可以大致估算每月的平均薪資。接著，算出扣除必要支出後還可再儲蓄的金額，這也能激勵自己每個月都達成業績目標。

若領到季獎金或年度獎金時，也要先規畫存款及花費的比率，例如可將獎金的 50% 以上留作儲蓄或投資；10% ～ 20% 作為進修基金；10% ～ 20% 作為旅遊娛樂基金或犒賞自己辛勞的獎勵金；10% 拿來貢獻給社福機構或家人。而且也是一樣要先將錢轉移到儲蓄帳戶，這樣就不怕不知不覺把獎金花光（詳見圖2）。

圖2 領到大額獎金，先扣除投資部位再花用

——獎金分配方式

發獎金日	領季獎金5萬元
先轉帳獎金50%到投資帳戶	轉帳2萬5,000元至投資帳戶
20%進修基金	1萬元報名進修課程或買書
20%旅遊娛樂基金	1萬元用來旅遊，或是犒賞自己享用美食、參加藝文活動
10%貢獻付出	5,000元捐款給熟識的社福單位，或是與家人共享

用花費剩餘的資金再儲蓄投資的方式其實也不是不行，只是多數人手上有錢以後，特別容易受到外界誘惑，看著吸引人的廣告時，若意志力動搖一下，錢就不見囉！所以與其把錢花剩下來以後才開始存錢，倒不如幫自己設計一個「優先支付給自己」的重要目標。尤其是對於薪水相較不高，但常不知錢花到哪裡的人來說，是很有效的做法。

做好買房儲蓄規畫，投資計畫才不會中斷

如果還沒有買房子，且未來考慮要成家立業的人，那麼最好

是以買房為前提做儲蓄計畫，也就是存下來的錢要先能支付每個月房貸，多餘的錢才能考慮投資。例如未來房貸預定每月支出為 3 萬元，若每月可存下的金額為 4 萬元，則可將之分成兩部分來看待——3 萬元強迫存下來當成房屋頭期款準備，剩餘的 1 萬元可進行投資，或是也存起來加速房屋頭期款的累積速度。在這樣的基礎下，在還沒有找到理想房子前，慢慢地養成存錢習慣與存下房屋頭期款。

所以打算買多少價位的房子、準備多少頭期款、每月房貸要負擔多少，事先都要調查得一清二楚，而且要想辦法增加儲蓄金額。這樣即使買房後開始繳房貸，投資計畫也不會中斷。

例如房貸 1 個月要繳 3 萬元，若現在 1 個月夫妻倆都存不到這筆錢，那麼未來絕對是很難再有多的錢去投資，因此投資前要先想辦法「**讓儲蓄金額能超過應繳房貸的金額**」，而且最好是能夠超過本利攤（指將本金和利息在貸款期間一起平均償還的方式，這樣做會讓每期償還的本利和都一樣）的金額，而非還息不還本的寬限期金額。

像我住的社區就曾歷經一段「法拍潮」，皆是因為付不出房貸所導致。這些鄰居在前 3 年房貸寬限期內都還可以舒服度過；等到第 4 年面臨本利攤、存款不足時，就只能咬牙苦撐；到第 5 年已經無力還款時，房子就只能被法拍掉。一旦房子被法拍，等於你整個計畫都泡湯了。所以在做儲蓄規畫時，要

先把買房頭期款及每月房貸還款金額都考慮進去，以免捉襟見肘時打亂原本的計畫。

若本金有10萬元，可先嘗試各種投資工具

那麼要存夠多少錢，才可以開始存股呢？我的想法是，剛接觸投資理財市場的人，若手中資金不多，例如僅有 10 萬元，可以先利用這筆錢放手嘗試各種投資工具，包括定存、美元保單、股票操作（基本面、技術面、籌碼面和股票當沖），甚至是操作期貨、權證、選擇權等（詳見表 2）。

這樣做的好處是，當你將所有金融商品都體驗過一輪後，能夠清楚知道各種金融商品的優缺點，也會知道自己適合使用哪一種投資工具。而且在資金不多時進行測試也能適度降低風險，不然等到未來投資部位變大以後，才發現自己不適合原本的投資方式，屆時要轉向，即使手中資金虧損幅度再小，實際虧損的金額也都不少。例如以投資 10 萬元和投資 1,000 萬元來說，投資 10 萬元就算虧損 100%，頂多就是損失 10 萬元；但若是投資 1,000 萬元，虧損 1% 就已經損失了 10 萬元。

我曾經遇到一些學生，還沒畢業就開始投資，結果愈玩愈偏。他們先學存股，沒耐性後轉做技術線型想賺快錢，投資的錢卻愈來愈少，最終只能做權證、期貨。結果有人把每年的學貸加上打工錢 40 萬元投入，大四畢業時負債 80 萬元。雖然

表2 期貨的預期報酬率高，但風險也很大
——不同投資工具的報酬率與風險

投資工具	預期報酬率（％）	風險
定存	<1.00	無法勝過通膨
美元保單	2.25～3.00	美元貶值匯率
股票-基本面	6.00～20.00	企業體質轉差
股票-技術面	>20.00	被主力倒貨、騙線、市場容易急漲急跌
股票-當沖	>20.00	交易成本高
期貨	>50.00	幾秒鐘內市場急漲急跌，投資人來不及反應，被強制平倉出場
權證	>20.00	需有券商造市

最後付出的代價不小，但還好投入資本不算高，有試誤及重新修正的機會。如果等到出社會累積一筆錢以後才這樣操作，賠的錢恐怕要在後面多加 1 個 0。

此外，現在有很多人會用股票當沖來投資。但事實上，以當沖 1 張 100 元股票來說，至少要以 100.3 元的價格賣出才能回本（詳見表 3）。若再算仔細一點，假設用 10 萬元每天當沖 2 次，其中一次「賠一點就賣掉」，另一次則「賺一點就賣掉」，且每天 2 次操作最後都打平沒賺沒賠，這樣算下來其實 1 個月還是相當於賠 1 萬 1,640 元（因為要扣手續費

表3 當沖1張100元股票，需付出292元費用

──當沖成本計算

	手續費	證交稅
理論費率	0.1425%	0.3%
實際費率*	手續費×0.5	證交稅×0.5
當沖一次費率	實際手續費×2（買賣各1次）＋實際證交稅 ＝0.07125%×2＋0.15%＝0.2925%	
舉例	以當沖1張100元股票為例： 費用＝100×1,000×0.2925%＝292； 股票要能以100.3元的價格賣出才能回本	

註：1. 為方便計算，採無條件捨去法計算；2. 表中手續費假設券商提供5折優惠折扣，各家實際條件均有差異；3. 當沖證交稅減半優惠實施至2021年12月31日止

和證交稅）；若真的要打平（指計入手續費和證交稅後，不賺不賠），1年操作報酬率得要超過139.68%才足夠，也就是1年至少要賺23萬9,680元才足以回本，成本比想像中還高，真正賺錢的其實是證券商及證交所（詳見延伸學習）。也就是說，股票當沖血本無歸的可能性很高，才操作幾個月資金就只剩下一半了，並不划算。

本金達50萬元，即可開始配置投資組合

那麼要多少資金水位才適合開始存股呢？我認為最好是

延伸學習 試算每日當沖2次的成本

下面就來實際算一下,看看當沖成本有多貴?

假設你的資金為 10 萬元,每天當沖 2 次,其中一次是「賠一點就賣掉」,另一次則是「賺一點就賣掉」,也就是勝率 5 成,則:

賠一點就賣掉

以 100 元買進 1 張 A 股票,並以 99 元賣出 1 張 A 股票來看,操作一次共會虧損 1,289 元。計算方式如下(為方便計算,採無條件捨去法):

◎**價差**:-1,000 元(=(99 元- 100 元)×1,000 股)

◎**買進手續費**:71 元(= 100 元 ×1,000 股 ×0.1425%×0.5)

◎**賣出手續費**:70 元(= 99 元 ×1,000 股 ×0.1425%×0.5)

◎**證交稅費**:148 元(= 99 元 ×1,000 股 ×0.3%×0.5)

◎**虧損**:1,289 元(= -1,000 元- 71 元- 70 元- 148 元)

100 萬元以上,可以有比較多元的搭配,但 50 萬元其實也已經可以做投資組合。以我個人來說,50 萬元可以買 5 檔 10 元~ 30 元不同產業的低價股,或是買高價股的零股。就台股而言,股價在 30 元以下的股票就有 4、500 檔,挑低價好股票,可買的單位數較多,也是很好的組合。

為了降低投資風險,這裡提的都是「存股投資組合」。存股千萬不能將所有資金單壓在 1 檔股票上,因為 50 萬元單壓 1

賺一點就賣掉

以 100 元買進 1 張 A 股票、101 元賣出 1 張 A 股票來看，操作一次會獲利 707 元。計算方式如下（為方便計算，採無條件捨去法）：

◎價差：1,000 元（＝（101 元－ 100 元）×1,000 股）

◎買進手續費：71 元（＝ 100 元 ×1,000 股 ×0.1425%×0.5）

◎賣出手續費：71 元（＝ 101 元 ×1,000 股 ×0.1425%×0.5）

◎證交稅費：151 元（＝ 101 元 ×1,000 股 ×0.3%×0.5）

◎獲利：707 元（＝ 1,000 元－ 71 元－ 71 元－ 151 元）

兩者相加可以發現，每天當沖 2 次，會虧損 582 元（＝ -1,289 元＋ 707 元）。假設不斷重複同樣的操作，則 1 個月後，累計虧損 1 萬 1,640 元（＝ -582×20，以 1 個月 20 個交易日計算）。

也就是說，以上述 10 萬元的當沖為例，若每天交易 2 次，每次進出都是以每張 1 元的損益結算，則 1 年累積的損益金額為 -12 萬 9,680 元（＝ -1 萬 1,640 元 ×12）。

檔股票，若跌停一日，帳面上的未實現損失就是 5 萬元（＝ 50 萬元 ×10%），這個虧損金額對很多上班族來說，是 1 個月以上的薪水瞬間蒸發，是會肉痛的。

但很多人真的沒有投資風險的概念，甚至不知道要保護自己的部位，還跟著技術分析訊號操作，想要趁著一次大漲賺很多。但「不怕一萬只怕萬一」，沒有人保證過去與現在會是一樣的。

就像台股在 2020 年 3 月因為新冠肺炎（COVID-19）疫情大跌，以歷史經驗來說，過去崩盤多是打 2 個 W 底才會反彈回升，因此沒人想到這次崩盤會是 V 型反轉，後來大盤還不斷創新高。所以在投資市場中，永遠都要先想好：萬一損失怎麼辦？只有控制住風險，才能夠守住獲利。

投資組合應配置不同產業，降低波動及風險

至於投資組合要怎麼配置？其實投資組合的概念很像買晚餐，如果財力只夠買一碗雞肉飯，只有一樣菜及飯，配色、配料都顯得空虛。但財力比較雄厚時，就可以點菜色多樣的便當，五種基本營養及五色蔬果皆備，配色、配料都很豐富，還可以有湯及甜點，這樣即使天天吃也不容易膩。

不同的菜色就像是不同產業，只買同一個產業無法達到降低波動及分散風險的功能。就像有些人的投資組合會配置半導體上、中、下游公司，但這並不是分散投資，反而會讓風險更加集中。因為在這種配置下，一旦半導體產業出事，整個產業鏈可說是無一倖免。故而在做資產配置時，應該是要分配在不同的產業上面，而且最好是分散到 3 個以上的不同產業（詳見圖 3）。

除了購買不同產業的股票來分散風險之外，投資人也可以利用「產業波動度」來做配置。波動度是指「股價報酬率」與「過

圖3 **配置在相同產業的上中下游，非分散投資**

◎正確的分散投資策略

工業電腦	橡膠	塑膠	航運
封裝測試	晶圓代工	IC設計	通路
汽車組件	3C通路	百貨	化工
水泥	網通	電信	鋼鐵

產業別分散、只挑利基及產業龍頭

◎錯誤的分散投資策略

	IC設計	
IC通路	IC製造	IC封測
	IC代工	

產業集中、風險與波動一致

去平均報酬率」之間的離散程度。簡單來說，若是股價在短期內迅速變動，代表股票的波動度很大；但若是股價緩慢上漲、下跌，或保持相對穩定，那股票的波動度就很低。基本上，產業波動度愈大，數值愈高，多在 1 以上；產業波動度愈小，數值則偏低，多在 0.5 以下；而產業波動度相對穩定者，數值多在 0.7 ～ 0.8 左右（詳見表 4）。

例如在中美貿易戰的影響下，台股大盤受到牽連，反應比較大的 IC 設計產業（波動度 1.2），可能價格會跌 1% 以上；但同時，產業波動度較小的金融業（波動度 0.94），價格可

表4 生技、IC設計產業的波動度大於1
──產業波動度

產業		波動度	產業		波動度
電子上游	IC封測	0.58	金融	金控	0.94
	IC設計	1.20	軟體	系統整合	0.78
	IC通路	0.50	傳產	生技	1.00
	PCB-材料設備	0.76		汽車零組件	0.60
	被動元件	0.79		其他	0.65
電子中游	電源供應器	0.74		食品	0.31
	儀器設備工程	0.78		營建	0.63
	安全監控	0.68		觀光	0.67
電子下游	消費電子	0.35	註：波動度的數值並非定值，會隨 著產業現況而變 資料來源：CMoney		
	產業自動化	0.75			

能只跌 0.8%；而產業波動度更小的食品股（波動度 0.31），價格可能只跌了 0.3%。雖然說產業波動度大的股票，在大盤表現不好時股價跌幅較深，但當大盤好轉時，股價反彈回來的速度，也會比產業波動度小的股票來得快。

因此在配置上，建議用不同產業族群波動來控制投資屬性。例如，35 歲以上的投資人優先配置穩健型投資組合，可以將產業平均波動度設計為 0.8。也就是把波動度中、低、高採用

表5 產業波動度乘上配置比，可得出波動比重
——以35歲穩健型投資配置為例

產業	產業波動度	配置百分比（％）	波動比重
金融股	0.94	40	0.376
食品股	0.31	30	0.093
IC設計	1.20	30	0.360
小計		100	0.829

「433」的分配，例如金融股配置 40%、食品股配置 30%、IC 設計配置 30%，將產業波動度和配置百分比相乘之後再相加，就能夠算出產業波動度平均（此處為 0.829）是相對穩健的投資組合（詳見表 5）。

將投資組合配置依不同投資屬性做調整以後，就能有效控制風險；如此一來，在大盤上漲時，投資組合就不會缺席，在大盤重挫時也能夠有保護。

而對於非常保守的人及接近退休的族群，則可將產業平均波動度設在 0.6 左右，降低股價波動造成本金損失的風險。

至於 35 歲以下的年輕人，可以採取積極型的波動設計，將產業波動大的股票比重設高一點，讓產業平均波動度達 1，翻轉資產速度相對較快；當然，這樣的投資組合所承擔的投資風

表6 隨著年紀增加，應逐年拉高保守部位
——不同年紀資產配置比重

年紀 （歲）	風險承受度	高風險資產比重 （％）	低風險資產比重 （％）
25	高	75	25
30	高	75	30
35	高	65	35
40	中	60	40
50	中	50	50
60	中	40	60
70	低	30	70
80	低	20	80
90	低	10	90

險也比較高。

　　而除了利用產業波動度調整資產配置以外，隨著年紀上升，投資人的風險承受度會跟著降低，此時應該要適度降低高風險資產比重，並逐步增加像是有固定配息的基金、特別股等風險較低的收益型產品比重，來降低資產組合的波動度（資產比重配置可參考表6）。

第 2 章

新手敲門磚

(2-1) 4招挑優質「定存股」安心領現金股利

　　第 1 章有提到，無論是投資「存股」或「定存股」，都需要經過一段時間醞釀才能夠獲利，故其首要條件就是「存對股票」。至於要如何從台股 1,700 多檔上市櫃股票中挑出對的標的，就成了存股族最需要學習的學問。

　　由於投資「存股」和「定存股」所追求的報酬略有不同（前者主要是為了賺取價差，後者則是為了領取現金股利），所以在挑選股票時所使用的方法，也會有所區別。以下，我們先來看如何挑選「定存股」的標的，至於「存股」標的的挑選方式，就留待 2-2 再來介紹。

　　對於投資「定存股」的人來說，主要考量點在於公司配發的現金股利，資本利得倒是其次。故而在持有期間，若資本利得不彰，就先安心地領股利等待股價增長；若遇到特殊事件讓股價短期出現大幅波動，便轉成資本利得出場。

　　但問題又來了，市面上的股票那麼多，且根據股性不同而有

不一樣的類別，像是有景氣循環股、題材股、轉機股、成長股、金牛股（指企業雖位於成熟期，卻能創造出豐沛獲利與現金的公司）等，應該要用什麼方法來挑選合適的定存股呢？

若想長期持有定存股，財務數據是必看資訊

就實務來看，技術線型及籌碼分析都只能從量價變動來判斷中短期結果，但卻無法讓人有把握長抱個好幾年。而從報章雜誌或自親朋好友口中所聽到消息，常常可能已經是落後指標。因此，對於廣大的小股民和菜籃族來說，可以依靠的就只剩下公司的財務報表數據了。

雖然對於短線操作的投資人來說，財報數據是極為落後的指標，但對於長線操作定存股的投資人來說，財報是非常有用的資訊。而且根據我多年的觀察，基本上，只要靠 4 招進行篩選，就可以從財務數據中找出適合長期作為定存股的標的。

「財務數據及各種指標那麼多，光靠 4 招就可以篩出好標的？真的假的？」相信讀者一定會有這樣的疑問，但事實上我正是靠這 4 招，在 40 多歲提早從職場上退休。

本來，我只是在竹科科技業服務的宅男工程師，在研究投資理財前也沒學過財務數據。但工程師最大的優點就是在雜亂的資訊中理出邏輯，羅列出 SOP（標準作業程序）後，再進一

圖1 用4財務數據挑定存股標的
——股魚基礎選股4招

第1招	第2招	第3招	第4招
公司連續配發10年現金股利	公司的ROE>8%	公司的本業收入比率>80%	企業經營為民生基礎

步 debug（除錯）、優化。

後來，我將此套方式運用在投資理財上，不斷將學到的招式簡化，並透過時間和教學上的驗證，最後創造簡單、好用、能有效降低挑到地雷股的「股魚基礎選股4招」（詳見圖1）。

第1招》連續配發10年現金股利

許多人對於定存股的期待不外乎是建立第二現金流量，期望有朝一日這種現金流量能夠取代薪資收入。因此，選股的第一重點便放在公司能不能穩定地發放高額現金股利，而且每年都可以順利填權息。

之所以將「公司能否穩定發放高額現金股利」放在第1個篩選條件，是基於「只有真正有獲利的公司，才有能力支付現金股利」。

圖2 現金股利來源為企業發放去年的盈餘

——現金股利來源

2020年	2021年
◎總獲利 ◎每股稅後盈餘（EPS） 　＝稅後淨利÷普通股在 　　外流通股數	◎配發每股股利 　＝2020年EPS×現金股利發放率 ◎現金發放股利率指企業在每年盈餘 　中提撥現金股利的比率

現金股利殖利率公式

$$現金股利殖利率 = \frac{（用去年盈餘所配發的）每股現金股利}{（今年的）股價} \times 100\%$$

　　投資人要知道，即使財務報表上稅後淨利為正值，也不代表公司可以發出現金股利，因為企業可以透過會計手法挪移營收與獲利時間點，甚至於透過假交易來虛增盈餘數字。但不論公司透過何種財務操作的手法來美化報表，唯獨「企業是否有能力發放現金盈餘給股東」這件事情是無法造假的，因為企業銀行帳戶要有存款才能發放現金股利，這段過程難以造假。

　　那什麼是現金股利呢？白話來說，現金股利就是公司將去年所賺到的錢，在今年發放部分給股東，一同分享經營成果（詳見圖2）。若公司可以連續配發 10 年現金股利不間斷，且其發放金額呈現穩定或緩慢成長的狀態，代表公司有長期穩定的賺錢能力。若非掌握關鍵技術，就是在市場上具有一定的地

位，才能夠在 10 年這麼長的經濟循環中，不論景氣熱絡或緊縮都能維持賺錢能力，這樣的公司正是具備能長期存股的基本要素。

再來，將「公司連續配發 10 年現金股利」設為標準以後，就可以避開異常企業。雖然說過去績效不代表未來績效，但是光用「發不出現金股利的公司不要碰」這個條件，就可以先篩選掉許多可能的賠錢貨。

在過去的觀察紀錄中，公司爆發異常情況之前會出現的共同現象，就是發不出現金股利。像是生產蘋果西打飲品的大飲（1213），曾經連續 16 年以上都無法配發任何現金股利；之後，在 2019 年因財報簽證問題依規定被下市（註 1）。

第2招》ROE大於8%

股神巴菲特（Warren Buffett）說過，若只能用一個指標選股，他會選用的就是「股東權益報酬率（ROE）」。什麼是ROE？簡單來講，ROE 就是公司「錢滾錢的效率指標」（詳見延伸學習）。

註 1：2019 年 4 月 1 日，會計師對大飲 2018 年度財報簽具「無法表示意見」，公司於 4 月 2 日接獲台灣證券交易所通知，將於 4 月 8 日停止交易。之後，大飲重新申報符合規定的財務報告，台灣證券交易所通知其可於 9 月 24 日恢復交易。

延伸學習 用ROE判斷資金運用效率

問： 若 A 公司獲利 5,000 萬元、B 公司獲利 1,000 萬元,哪家的經營效率佳?

答： 若沒有更多數據,會陷入絕對數字的迷思,認為 A 公司的經營效率較佳。但如果 A 公司是拿 5 億元的資本去賺到 5,000 萬元的獲利,而 B 公司卻是利用 2,000 萬元的資本去賺到 1,000 萬元的獲利,那麼其實 B 公司的經營效率才是比較好的。因此,當有多家不同股本、同產業的公司作為選擇目標時,便可利用 ROE 進行快速的強弱評比。

雖然 A 公司獲利較高,但 B 公司 ROE 較佳

項目	A公司	B公司
資金(萬元)	50,000	2,000
年度獲利 (萬元)	5,000	1,000
ROE	10%	50%

註:ROE ＝稅前淨利 ÷ 股東權益總數 ×100%

　　大家都知道,公司存在的目的是拿股東的錢再賺進更多的錢。在這樣的過程中,股東不僅可以獲得經營的分紅,甚至有機會賺取數倍的本金回來。同樣地,當一家公司不能做到錢滾錢時,也就失去了投資的價值。但問題來了,由於每一家公司的資本都大不相同,要怎麼判斷哪一家公司比較會賺錢呢?這時候就要透過 ROE 來衡量,其公式為:

ROE ＝稅前淨利 ÷ 股東權益總數 ×100%

舉個例子來看，假設 A、B 兩家公司同樣用 100 元投資，A 公司賺了 10 元、B 公司賺了 20 元，那麼兩家公司的 ROE 就分別是 10%（＝ 10 元 ÷100 元 ×100%）、20%（＝ 20 元 ÷100 元 ×100%）。在此情況下，若你手中的資金只夠投資一家公司，自然會選擇 ROE 較高的 B 公司，因為它的賺錢效率比較高。也就是說，我們在選擇投資標的時，ROE 的數值是愈高愈好，因為這代表公司的賺錢效率較高。

　　但 ROE 的數值要多少才算高呢？實務上，台股許多權值股的 ROE 大多落在 10% ～ 15% 之間，而適合存股企業的 ROE，及格標準是 8%，且近 5 年以上維持增長的為優先選擇標的。

　　當企業每年都能夠維持 8% 的 ROE 增長時，以「72 法則」來計算，這筆投資本金用 9 年（＝ 72÷8）的時間就可以翻倍。但要注意的是，當手中持股的 ROE 滑落至低於 8% 時，就要考慮出清，因為這通常意味著企業的體質轉差，不適合繼續持有。

　　以過去大家最愛的定存股標的中鋼（2002）為例，其最近 8 年（2012 年～ 2019 年）的 ROE，僅有 1 年在 8% 之上（2018 年為 8.27%），其他 7 年都在 8% 以下。究其原因，除了中鋼本業沒有起色之外，轉投資也沒有好的成效（中鋼 2012 年～ 2019 年的業外收入，除 2015 年和 2019 年為

正值以外，其他皆為負值）。再加上中鋼是景氣循環股，其實比較適合做價差，不適合存股。

此外，假若 ROE 數值忽高忽低，代表公司的獲利不甚穩定，就不太適合拿來存股。例如，同樣也是景氣循環股的面板大廠群創（3481），2014 年、2017 年的 ROE 雖然有超過 8%（分別為 10.23% 和 15.1%），但那時是因為市場上面板缺貨、價格拉高所導致，等到缺貨潮過了以後，ROE 又掉到 8%以下。像這種產業競爭激烈、獲利上上下下起伏很大的企業，可能賺 1 年賠 2 年，長久下來其實不適合存股。

不過，並非所有鋼鐵股都不能拿來存，例如做螺帽及螺絲的三星（5007），產品主要用於汽車跟航太市場，客戶及售價較為穩定，且不受景氣干擾，因此不只 ROE 長期高於 12%，營業利益及營業利益率也持續成長。像三星這種利基型的公司，因為同時符合「股利連續 18 年發放、2010 年至 2019年 ROE 大於 8%，業績也成長」的條件，便很適合存股（詳見圖 3）。

第3招》本業收入比率超過80%

本業收入比率是用來觀察公司本業獲利能力的強弱，數值愈低，表示公司本業的獲利能力愈低；數值愈高，表示公司本業的獲利能力愈強（本業收入比率的計算方式詳見延伸學習）。

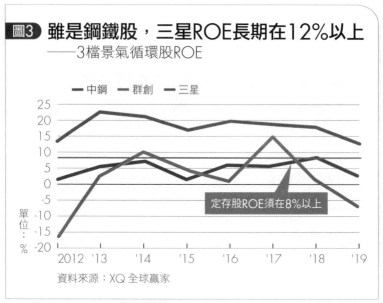

圖3 **雖是鋼鐵股，三星ROE長期在12%以上**
——3檔景氣循環股ROE

— 中鋼　— 群創　— 三星

定存股ROE須在8%以上

單位：%

2012　'13　'14　'15　'16　'17　'18　'19

資料來源：XQ 全球贏家

　　若是本業收入比率太低，表示該公司可能「不務正業」，將精力放在轉投資、賣祖產等與本業無關的事情上面。假若公司轉投資在相關領域那還好說，但如果是轉投資跟本業完全無關的東西，例如通路業者投資餐廳、電子零組件廠投資新藥等，由於還沒有成功經驗可以複製，管理階層需要投入額外的精力去規畫或控管，難免會分散心神。

　　甚至有的業外收益其實是老闆的小金庫，特別是經營紀錄不佳的公司，容易在業外部分動手腳，在季報公布時，時常伴隨著大量的驚喜（或驚嚇）。

本業收入的公式拆解如下：

本業收入比率＝營業利益 ÷ 稅前淨利 ×100%，

其中，

營業利益＝營業收入－營業成本－營業費用

稅前淨利＝營業利益＋營業外收入－營業外損失

從上述公式可以看出，營業利益完全跟本業相關。以 2020 年前 3 季累計財報數據為例，台積電（2330）、廣達（2382）和鴻海（2317）這 3 家公司本業收入比率分別為：

◎台積電：96.7%（＝ 4,096 億 6,000 萬元 ÷4,236 億 7,000 萬元 ×100%）。

◎廣　達：97.8%（＝ 222 億 8,000 萬元 ÷227 億 7,000 萬元 ×100%）。

◎鴻　海：70.9%（＝ 593 億 7,000 萬元 ÷836 億 9,000 萬元 ×100%）。

由於台積電和廣達的本業收入比率皆超過 95%，故就利用營業收入來預估財務比率準度而言，會優於鴻海甚多。

　　但投資人要記住，我們之所以想要投資「定存股」，追求的就是「穩定」，所以在挑選時，最好是以「公司的本業收入比率超過 80%（最好是 90% 以上）」為基準。這種公司大多專注於本業營運，不會有太多轉投資無法兼顧，獲利會較穩健。

　　此外，挑選本業收入比率高的公司還有一個原因，那就是可

以在財報公布前,提早推估出公司的獲利表現。一般來說,在觀察公司獲利表現時,會以公司的「財務三率」(毛利率、營業利益率及稅後淨利率,計算方式詳見表1)為主。基本上,財務三率都是愈高愈好,且最好呈現每年數值穩定或長期成長的趨勢。

而從表1財務三率的公式來看,其分母皆為「營業收入」。這表示只要你知道公司的「營業收入」和「財務三率」的數值,就可以反推出公司的毛利、營業利益和稅後淨利。但這樣做有兩個前提:

1. **公司的本業收入比率要高**:公司的本業收入比率高,代表不太會有驚喜或驚嚇,公司高層也不容易窗飾報表(指將報表數字美化)。只要公司的營業收入成長,在成本和費用不變或沒有大幅增加的情況下,公司的毛利、營業利益及稅後淨利都會跟著成長。

2. **公司的財務三率穩定**:財務三率每季數值變動不大,代表公司的獲利穩定,沒有太大波動。而此類公司在未來,除非遇到黑天鵝事件(指發生率極低、易被忽略的事件,像是新冠肺炎疫情(COVID-19)等),否則獲利通常也不會有太大的變動。在這樣的基礎下,用過去數值所做的預估才會準確。

由於現行法令規定(註2),上市櫃公司必須在每月10日

表1 「財務三率」計算公式的分母皆為營收
—— 財務三率計算公式

財務指標	公式	備註
毛利率	營業毛利÷營業收入×100%	營業毛利＝營業收入－營業成本
營業利益率（簡稱營益率）	營業利益÷營業收入×100%	營業利益＝營業毛利－營業費用
稅後淨利率（又稱純益率）	稅後淨利÷營業收入×100%	稅後淨利＝營業利益－業外損益－稅

前公布上個月的營業收入，與每季公布的財報相比，是較即時的資訊。因此，我們可以在公司公布財務數據之前，搶先利用每月公布的營業收入資料，推估公司的本期淨利及現金股利，不但預估準度很高，甚至還可預估出合理的進場價格及填權息機率。但想這樣做的前提就是：公司的本業收入比率高，且具有穩定的財務三率。

就實務來看，當你找到「高本業比及財務三率穩定」的公司

註 2：依據《臺灣證券交易所股份有限公司對有價證券上市公司及境外指數股票型基金上市之境外基金機構資訊申報作業辦法》第 3 條第 5 款規定，上市公司應向本公司（指台灣證券交易所）定期申報營業額及自結損益資訊：每月 10 日前申報上月份營業額資料。此外，依據《財團法人中華民國證券櫃檯買賣中心對有價證券上櫃公司資訊申報作業辦法》第 3 條第 4 款規定，股票上櫃公司應向本中心（指櫃買中心）定期申報營業額及自結損益資訊：每月 10 日前申報上月份營業額資料。

後會發現，它們每年、每季的財務三率呈現一條橫線，像是國內最大烘焙原物料供應商德麥（1264）就是這樣，它的財務三率不會像中鋼或群創那樣上上下下或突然暴衝（詳見圖4），而這必須是老實、穩定、高本業比重的公司，才有辦法達成。

也許有些投資人會擔心，排除了業外收益挹注之後，本業收入比率高的公司，在未來產業變化下，會不會難以轉型？關於這一點我覺得可以不用擔心，因為以本業收入比率超過95%的台積電來說，它除了本業以外，也是有在進行轉投資，而且規模並不小（註3）。如果台積電之後想要轉型的話，其實仍是有一定優勢存在的。

第4招》企業經營為民生基礎

第4招是企業經營為民生基礎，也就是選擇接近基礎民生需求，最好是跟國營企業有很大關係，甚至是不能倒的公司。像是「金融股」、「電信股」、「民生類股」及「數據交換」這4類不能倒的公司，就是很好的投資標的，更是長久存股的首選（詳見表2）。

註3：台積電在2017年～2019年的投資收益將近30億元，這數字對很多公司來說已經是年度營收了，但因為台積電本業的規模太大（2017年～2019年的營業收入為3兆789億元），所以本業收入比率算下來還是超過95%。

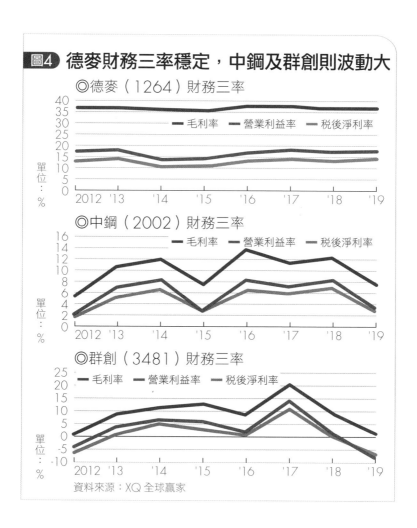

圖4 德麥財務三率穩定，中鋼及群創則波動大

◎德麥（1264）財務三率

單位：％

— 毛利率　— 營業利益率　— 稅後淨利率

2012　'13　'14　'15　'16　'17　'18　'19

◎中鋼（2002）財務三率

單位：％

— 毛利率　— 營業利益率　— 稅後淨利率

2012　'13　'14　'15　'16　'17　'18　'19

◎群創（3481）財務三率

單位：％

— 毛利率　— 營業利益率　— 稅後淨利率

2012　'13　'14　'15　'16　'17　'18　'19

資料來源：XQ全球贏家

1.金融股

　　金融股可說是國家血脈來源，從市井小民到政府都需要金融業的服務。多家官股銀行背後更有政府支持，只要穩定營運就

能獲利，且最重要的是，台灣的金融股不太會倒閉。但是像台股市場中眾多的製造業公司，因為不是提供基礎服務，就算經營不善關門倒閉，也會很快被其他的公司取代。例如，曾經是手機市場龍頭的諾基亞（Nokia），本來是芬蘭命脈，結果在蘋果（Apple）等智慧型手機興起後，迫於產業更迭，只能關閉手機部門業務。

為什麼金融股不容易倒閉？道理很簡單，舉個例子你就能夠了解。像是兆豐金（2886）的前身是境外放款銀行，最重要的業務是「OBU（國際金融業務分行）境外金融放款業務」，也就是從國外吸錢進來台灣的重要單位；如果倒閉了，會對台灣整個金融市場產生重大影響，所以不能出事。

由於金融股萬一出事會動搖國本，所以政府一定會出來拯救，例如把出問題的單一機構賣給其他金融業整併，這也使得金融股不容易倒閉，對於存股族來說是一大利多。再加上，金融股多為 30 元以下的低價股族群，很適合資金不多的小資存股族。

2.電信股

電信股掌握關鍵通訊網絡，原本就是寡占行業，在進入手機世代後更顯重要。例如美國電信股 AT&T 過去被稱為「孤兒寡母股」，因為該公司被認為大到不能倒，孤兒寡母只要把身家財產去買這家公司的股票，這輩子安穩無憂。

表2　民生基礎公司適合作為定存股標的

——民生基礎公司

產業	個股	基礎民生需求
金融股	中信金（2891）、國泰金（2882）、富邦金（2881）、兆豐金（2886）、合庫金（5854）、第一金（2892）	倒了會動搖國本
電信股	中華電（2412）	沒有電信公司架設基地台，5G都是一場空
民生類股	大台北（9908）	沒有瓦斯公司，無法用天然氣，只能用瓦斯桶煮飯
數據交換	關貿（6183）	因為有網路服務公司，稅收電子化作業比率得以逐年上升

　　台灣跟 AT&T 類似的公司就是國內電信龍頭中華電（2412），它在行動通信、固網語音和網際網路的市占率都是第 1 名，就連電信二雄台灣大（3045）和遠傳（4904）的管路很多都是跟中華電租借，甚至連 5G（第五代行動通訊技術）也只有中華電在繼續投資基礎建設。

　　理論上，隨著大家對手機依賴愈來愈深，網路流量需求也愈來愈大的情況下，電信業的績效也會變得愈來愈好。但實際上，電信業因為近幾年彼此不斷削價競爭，使其獲利沒有預期中得好。

以中華電來說，原本 ROE 多在 11% 左右（2011 年～2017 年），但 2018 年受到「499 之亂」（註4）的影響後，ROE 直接跌到 9.59%、2019 年更跌到 8.74%。在 2011 年，手機上網吃到飽還是月租費 1,399 元時，中華電的稅後淨利有 470 億元，但在「499 之亂」以後，中華電的稅後淨利都在 350 億元以下（詳見圖5）。

雖然中華電的存股價值較以往降低許多，但投資人也無須太過擔憂，因為基於電信類股大到不能倒，以及公司尚有獲利能力這點，趁低價入手仍是有利可圖，且能安心持股。

3.民生類股

民生類股像是水、電、瓦斯等公司，提供的多為民生必需品，若是缺少會讓大家感到困擾。像是大台北（9908）為提供天然氣的瓦斯公司，營業區域為台北市的精華區（像是信義區、中山區等），住宅密集度高，而且，由於天然氣是民生必需管制品，跟水電一樣重要，若倒了大家要回到過去叫瓦斯的日子，會讓生活便利度大幅下降，故其倒閉可能性不大，適合存股族長期持有。

4.數據交換

註4：499 之亂是指 2018 年 4 月至 5 月之間，電信三雄陸續將手機吃到飽費率降至 499 元低價，引發民眾搶辦熱潮之行為。

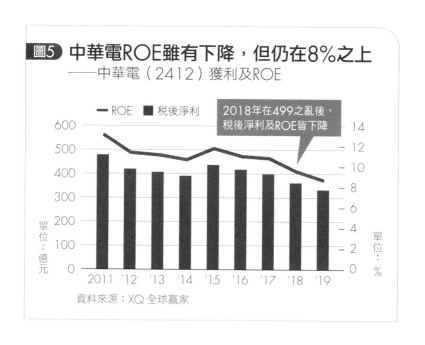

圖5 中華電ROE雖有下降，但仍在8％之上

──中華電（2412）獲利及ROE

— ROE ■ 稅後淨利

2018年在499之亂後，稅後淨利及ROE皆下降

單位：億元

單位：％

資料來源：XQ全球贏家

　　數據交換是指在數據庫規範模式下，讓雙方的資料可相互串聯。例如關貿（6183）是做通關、報稅的數據交換服務，它利用技術將通關業者串聯在一起，讓資訊能夠自動交換。若少了它，政府就無法利用網路收稅。再加上關貿網路公司的大股東正是財政部，持有36％股份，所以它幾乎專接公家機關的案件，故其倒閉的機率也不高。

　　除了上述這4種民生類股公司外，其他像是食品（例如大統益（1232）、德麥）、超商通路（例如統一超（2912）、全家（5903））、保全（例如中保科（9917）、新保

（9925））等，任何提供日常生活會用到的產品或服務，具有寡占或獨占等獨特市場地位的，且符合「公司連續配發 10 年現金股利、ROE > 8%、本業收入比率 > 80%」這 3 個條件的公司，也都很適合納入定存股選股池，等待進一步精選。

以4進階指標篩「存股」加速資產累積

(2-2)

對於想要投資的人來說，個性保守者，可以利用 2-1 的「股魚基礎選股 4 招」找出定存股標的，但若是風險承受度較高者，想要在早期加速資產累積，那麼就要再用「企業不倒金鐘罩」、「存股黑馬護城河」、「看清財報 P 圖術」和「黑馬致富密碼」這 4 個股魚存股進階指標（詳見圖 1），找出適合存股的標的。

只要學會這幾招基本面判斷法，光用每季、每年的財務數據就可以看出公司財務及股價的趨勢，不用被每日跳動的股價迷惑，省下來的時間可以專心工作，或是過更好的生活。

不過要注意的是，用基本面選股時，至少要看過去 5 年的數據，這是因為剛上市櫃的公司實力還不穩定，市場估價有可能過高，貿然進場容易虧錢。但 5 年後，公司經過資本市場的淬煉，加上在投資人跟監管單位的要求下，帳務控管能力及財務面都會更好。因此，至少要上市櫃 5 年以上的公司，才適合作為存股標的。下面，我們就來介紹這 4 個股魚存股進

階指標：

指標1》企業不倒金鐘罩

若説企業的技術就像是與人拼鬥的武學，那麼強大的「不倒金鐘罩」就能把錢收進來。當錢像水龍頭流出來的水，源源不絕地流入公司，正是公司能屹立不搖的保證。此外，公司的舉債程度也不能太高，這樣才不會因為突發狀況而倒閉。因此，我們可以將企業不倒金鐘罩指標拆分成「營業活動之現金流量＞0，且自由現金流量＞0」和「負債比＜60%」兩點，分述如下：

①營業活動之現金流量＞0，且自由現金流量＞0

正如同發放現金股利是確認企業有真實賺錢能力一樣，當公司每年營業活動之現金流量為正數時，也代表著公司本業營運不只是買空賣空，而是有閃亮亮的現金進帳。也唯有充沛的資金才能讓公司用度自在，並得以再投資擴張或是發放股利。

至於要如何判斷企業的營運活動之現金流量為何？可以直接從財務報表中的「現金流量表」進行觀察，這些資訊在各券商網站或公開資訊觀測站（mops.twse.com.tw/mops/web/t57sb01_q1）上面都有，投資人只要登入該網站就可以輕易查詢。

除了觀察公司營業活動之現金流量是否大於0以外，我們

圖1 透過檢視財報數據，可找出適合存股標的
──股魚存股進階指標

指標1
企業不倒金鐘罩：營業活動之現金流量和自由現金流、負債比

指標2
存股黑馬護城河：每股稅後盈餘（EPS）、毛利率

指標3
看清財報P圖術：
營業利益率

指標4
黑馬致富密碼：
本益成長比（PEG）

還需要觀察，公司的自由現金流量是否也大於０。

　　不過在計算自由現金流量的時候，有個地方容易造成誤解，那就是加減號問題。一般坊間的計算公式都是用「自由現金＝營運活動現金－投資活動現金」來表示。但實際上這樣計算出來的答案是錯誤的，原因是現金流量表是以公司現金流動的方向來表達。以營運活動之現金流量來看，是指透過經營活動收到現金，表示錢往公司流動，所以用加號表示；而投資活動之現金流量因為是投資，所以就是錢從公司流出，用減號表示。故而實際計算自由現金流量的公式為：

自由現金流量＝營業活動之現金流量（流入）＋投資活動之現金流量（流出）

表1 台積電2019年自由現金流量約為1563億元

項目	2015年	2016年	
營運活動之現金流量（億元）	5,298.79	5,398.35	
投資活動之現金流量（億元）	-2,172.46	-3,954.40	
籌資活動之現金流量（億元）	-1,167.34	-1,578.00	
自由現金流量（億元）	3,126.33	1,443.95	

註：自由現金流量＝營業活動之現金流量（流入）＋投資活動之現金流量（流出）

以台積電（2330）為例，其2019年自由現金流量為1,563億3,700萬元（＝6,151億3,900萬元＋（-4,588億200萬元），詳見表1）。

我們透過上述的案例來解釋，本書的自由現金流量計算方式與坊間公式有所不同的原因，讀者有興趣可實際計算看看。

一般來說，公司在進行營業活動時，會有現金收入；在進行投資活動時，會有現金流出。也就是說，若一來一往有剩餘（即自由現金流量大於0），代表支出有餘，不需動用融資或是籌資（詳見表2）。

若觀察連續賺錢10年以上的公司，像是台積電、大統益（1232）等，會發現它們的共同點之一就是自由現金流量很

——台積電（2330）自由現金流量

	2017年	2018年	2019年
	5,853.18	5,739.54	6,151.39
	-3,361.65	-3,142.69	-4,588.02
	-2,156.98	-2,451.25	-2,696.38
	2,491.53	2,596.85	1,563.37

資料來源：玉山證券

高、錢很夠用、配息穩定，所以對股東很大方（詳見表3）。
這概念就跟我們錢花少一點、有餘裕、有閒錢時會想孝敬父母
一樣，而股東就是公司的父母。故而在挑選存股標的時，要找
「營業活動之現金流量＞0，且自由現金流量＞0」的公司。

②負債比小於60%

除了營業活動之現金流量及自由現金流量都要大於0之外，
公司的負債比最好不要太高。負債比的公式如下：

負債比＝（總負債÷總資產）×100%
＝總負債÷（總負債＋股東權益）×100%

基本上，負債的組成可以分為兩大類，一種是營業相關的應
付帳款、費用，一種是長短期貸款或是公司債。如果負債中只

有前者，代表沒有舉債經營，是最單純靠本業營運支應所有現金流量。但如果公司是透過貸款或發行公司債來經營，在收入驟減的情況下，很容易會被債務及利息支出給壓垮。例如2020年新冠肺炎（COVID-19）疫情爆發後，多國的封城讓許多海內外的需求及訂單瞬間消失，也讓許多過度舉債經營的公司撐不下去。

也就是說，挑存股標的時，最好選擇負債比低於60%的公司，不但經營壓力較小，對抗景氣變化能力較大，還可以節省利息支出、提升財務數據，公司的財務體質也比較穩健。

之所以會將負債比的條件設在60%，是因為公司適度舉債經營，是對公司有利的。只要獲利能超過所需支付的利息，反而可以提高公司的股東權益報酬率（ROE）。

表4列出「無舉債」、「舉債且獲利超過利息」和「舉債但獲利不足以支付利息」3種負債經營狀況下，淨利及股東權益的差異。從三者結果可見得，有能力運用融資再投資的公司，比完全無舉債的公司，享有更高的ROE，因為充分利用錢滾錢的效率。

指標2》存股黑馬護城河

了解「企業不倒金鐘罩」之後，接著就來介紹「存股黑馬護

表2 自由現金流量＞0，代表公司有現金可用
——現金流量表的組成

項目	意義	判斷
營業活動之現金流量	企業經營過程的現金流入	＞0 現金流入
投資活動之現金流量	對應公司營運需求擴充產能，維持產線常態支出	＜0 現金流出
籌資活動之現金流量	視公司下一階段目標與手中資金是否充裕，決定要增資、借貸、償債或發放股利	＜0或＞0 入出皆可
自由現金流量	營業活動流入在支付投資支出後，尚有餘裕	＞0 支用有餘

城河」。在挑選存股標的時，除了可以從前述的營業活動之現金流量、自由現金流量和負債比一探究竟外，最佳的「GPS導航」指標其實是「每股稅後盈餘（EPS）及毛利率」。

　　也許讀者看到這裡會覺得，EPS和毛利率，不是大家都知道的東西嗎？還有什麼好研究的？

　　事實上，在進行投資操作時，並非神祕指標才有用。很多統計學所算出來的指標，既困難又不好理解，在重大時刻反而幫不上忙。但EPS及毛利率這2種常用指標，不但好查也好用，還能幫助你馬上做出決定。而這也是本書的重點，透過常用指標，幫你輕鬆找到可以長抱的存股黑馬。

表3 賺錢的公司往往自由現金流量為正數、配息大方

股名（股號）	EPS（元）			現金股利（元）		
	2017年	2018年	2019年	2017年	2018年	2019年
佳　格（1227）	2.39	3.25	3.76	2.00	2.50	2.65
大統益（1232）	5.11	5.67	6.09	5.00	5.00	5.00
台積電（2330）	13.23	13.54	13.32	8.00	8.00	9.50
超　豐（2441）	4.41	4.18	3.33	3.00	2.70	2.30
統一超（2912）	29.83	9.82	10.14	25.00	8.80	9.00
聯　詠（3034）	8.26	10.50	13.03	7.10	8.80	10.50
台灣大（3045）	5.21	5.01	4.51	5.60	5.55	4.75
崇越電（3388）	5.65	7.41	5.10	4.60	5.10	3.60
中　菲（5403）	3.73	3.08	3.96	3.40	3.00	3.10
全　家（5903）	6.30	7.23	8.20	5.50	5.80	6.50
寶　雅（5904）	14.63	17.50	19.31	13.00	15.75	17.10

註：現金股利為股利所屬年度　　　資料來源：XQ全球贏家、玉山證券

①每股稅後盈餘（EPS）成長幅度

先來看 EPS。EPS 可以看出一家公司是否賺錢，其公式如下：

每股稅後盈餘（EPS）＝稅後淨利 ÷ 普通股在外流通股數

一般來說，EPS 愈高，代表公司賺愈多錢，股價也就愈會往上跑。但我們在觀察時，除了看 EPS 的絕對數據外，更重要

——連賺10年公司財務數據

營業活動之現金流量（億元）			自由現金流量（億元）		
2017年	2018年	2019年	2017年	2018年	2019年
25.42	26.39	50.26	15.07	20.79	39.26
12.09	13.90	11.23	10.69	12.33	9.61
5,853.18	5,739.54	6,151.39	2,491.53	2,596.85	1,563.37
44.53	45.38	41.61	7.61	14.00	21.19
206.31	179.18	288.36	139.97	335.21	211.44
43.82	80.11	71.47	36.32	66.40	50.79
303.20	297.76	302.16	126.48	242.50	218.43
3.81	2.61	6.22	3.80	2.19	4.12
1.66	1.22	5.40	1.17	0.29	6.56
44.18	51.07	95.11	24.48	28.82	50.74
18.16	20.40	33.94	8.04	13.14	25.79

的是要看「EPS 的成長幅度」和「EPS 的成長率是否穩定」。

　　舉例來說，若現在有 A、B 兩家公司可供選擇，A 公司今年
EPS 成長 10%，B 公司今年 EPS 成長 50%，請問你該挑選何
者？就我的經驗而言，我會挑選 A 公司。因為 B 公司雖然今
年表現優異，EPS 一口氣成長 50%，但公司不太可能一直維
持如此高的成長率，有可能明年就沒有增長空間了；反倒是 A

表4 有能力融資再投資的公司，ROE較高
——不同舉債及獲利狀況

內容	財會用詞	經營狀況		
		無舉債	舉債且獲利超過利息	舉債但獲利不足以支付利息
投入資本	股東權益	500萬元	500萬元	500萬元
融資舉債（A）	負債	0	500萬元	500萬元
實際可供操作資本	總資產	500萬元	1,000萬元	1,000萬元
營運獲利率	營業利益率	10%	10%	2%
資本操作獲得利潤	營業利潤	50萬元	100萬元	20萬元
融資利率（B）	N/A	無融資	5%	5%
支付利息費用（A×B）	利息支出	0	25萬元	25萬元
實際利潤	淨利	50萬元	75萬元	虧損5萬元
股東權益報酬率	ROE	10%	15%	-1%
負債比	負債率	0%	50%	50%

註：負債及營業利益率為狀況設計變數

公司，要維持 EPS 每年不間斷成長 10% 是相對容易的事情，潛力較大。

也許有人會覺得，EPS 穩定增長，市場不就沒有驚喜，反而成了落後指標？但事實上，有許多公司早期的 EPS 趨勢就是

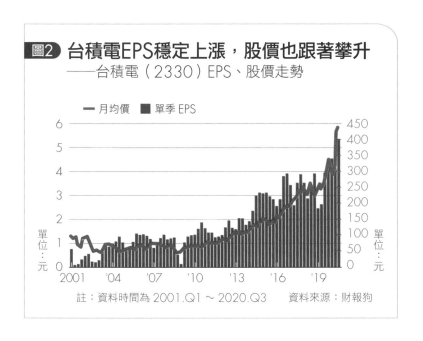

圖2 台積電EPS穩定上漲，股價也跟著攀升
──台積電（2330）EPS、股價走勢

一路往上走，連帶的股價也一路推升，多年後才受到市場青睞，轉瞬間變成飆股。若是能早期發現這種 EPS 穩定成長、股價也一階一階往上爬的公司時，就是極佳的存股黑馬標的。

例如台積電就是很好的例子（詳見圖 2），它的 EPS 從 2001 年第 1 季的 0.71 元來到 2016 年的 3.86 元，同時期股價多在 150 元以內徘徊。之後，EPS 從 2017 年第 1 季的 3.38 元來到 2019 年的 4.47 元，同時期股價則介於 200 元～ 300 元之間。後來，EPS 從 2020 年第 1 季的 4.51 元來到 2020 年第 3 季的 5.3 元，同時期股價則一路向上，

從 1 月 2 日收盤價 339 元來到 9 月 30 日的 433 元。之後，股價更是一路狂飆，到 2021 年 1 月 25 日為止，台積電收盤價已突破 600 大關，來到 633 元。

像台積電這種真正賺錢的公司雖然難以有便宜的價格買進，但以其 EPS 增長率，還是讓人有信心在大跌時買進，持股不驚不懼。要考驗的反而是有無耐心長抱，而不會被市場及景氣的波動給洗掉。

②毛利率

存股黑馬護城河的第 2 個指標，就是毛利率能在平穩中推升。毛利率就是營業毛利占總營業收入的比重，其公式如下：

$$毛利率＝（營業收入－營業成本）÷ 營業收入 ×100\%$$
$$＝營業毛利 ÷ 營業收入 ×100\%$$

其中，營業成本是指製造流程中所產生各種費用的結餘，包含「料、工、費」3 類項目。「料」是指購買原料、物料的購料成本。「工」是指生產過程所需的人力成本，包含薪資、保險、獎金。「費」則是指生產耗用能源，包括水電天然氣成本、生產相關產生的費用，例如租金、差旅、雜支、固定資產攤提折舊費用等，以及產品品質成本，例如不良率的產品損耗。

從毛利率公式來看，產品終端售價以及成本控管，都會決定

表5 **製造業較難透過提高售價，提升毛利率**
——企業毛利率提升的4種狀況

狀況	說明
公司提高產品終端售價	公司想提高產品終端售價，需有技術提升或服務加成，或是有品牌、通路定價權，對製造業來說較困難
產業景氣正旺	公司需求旺及產業競爭者還少時，在供給不足的情況下，產品售價有可能提高
產業整併	當產業削價競爭者大幅衰亡（例如被購併或退出市場），市場剩下少數巨頭時，則可重新拿回定價權，或是帶動產業升級轉向利基型產品
公司減少製造流程成本	公司透過更替生產設備等方式來降低成本、改善品質、提高生產效率及良率

毛利率高低。一般而言，強勢產品和品牌產品的定價較高，例如 iPhone 手機，會享有較高毛利率。而冷門且有獨特利基型產業，像是可寧衛（8422）、日友（8341）等環保特許業，因為競爭者少，毛利率也都不低。至於大量且規格化生產的產品，通常售價不高，毛利率也偏低，例如從事筆記型電腦代工的「電子五哥（註1）」，必須靠提高周轉率及銷售量來增加獲利數字。

實務上，在下列 4 種狀況下，公司的毛利率會被推升（詳

註1：電子五哥是指緯創（3231）、仁寶（2324）、英業達（2356）、鴻海（2317）和廣達（2382）。

見表 5）：

❶公司提高產品終端售價：毛利率推升的第 1 種狀況是因為公司有較強力的定價權、有研發新產品的能力。例如，跟隨台積電成長的下游廠商勝一（1773），毛利率從 2011 年的 14.5% 一路成長到 2019 年的 26.71%，至 2020 年前 3 季更高達 32.24%。EPS 每年微幅成長，股價從 40 幾元成長到百元以上（詳見圖 3）。

❷產業景氣正旺：毛利率推升的第 2 種狀況是因為產業景氣旺盛整體需求高，例如半導體產業在 5G、人工智慧（AI）都有需求下，成了產業中的寵兒。

❸產業整併：毛利率推升的第 3 種狀況是因為產業經過整併，削價競爭者減少，原來廠商固守利潤線不退讓，或是轉向更具利基型的產品，例如 PCB（印刷電路板）產業。

❹公司減少製造流程成本：毛利率推升的第 4 種狀況是因為公司走向規模生產化、內部品質改善或降低單位生產成本（cost down），讓毛利率得以成長。

就上述 4 種情況來講，狀況 2 和 3 主要是受到產業變動的影響，公司能做的事情有限。故對於想要提升毛利率的公司來說，只能從狀況 1 和 4 著手。

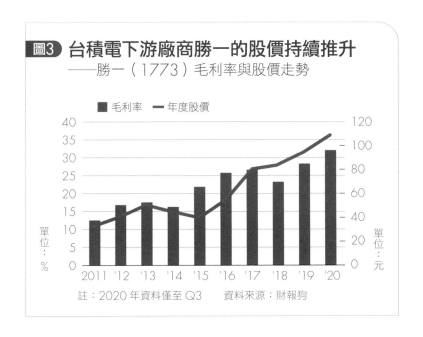

圖3 台積電下游廠商勝一的股價持續推升
——勝一（1773）毛利率與股價走勢

- ■ 毛利率　— 年度股價

單位：%

40 / 35 / 30 / 25 / 20 / 15 / 10 / 5 / 0

2011 '12 '13 '14 '15 '16 '17 '18 '19 '20

單位：元

120 / 100 / 80 / 60 / 40 / 20 / 0

註：2020 年資料僅至 Q3　　資料來源：財報狗

而就實務來說，除非是寡占或是獨占技術公司才有定價權，否則公司想要透過提高產品終端售價來改善毛利率，通常是較為困難的。因此，國內企業多半偏好從減少製造流程成本著手。故而投資人在挑選存股標的時，可以留意公司的成本控管變化。

此外，投資人也須留意，用毛利率成長選出來的飆股，在每季財報公布以後，也要觀察公司毛利率的變化。若是發垻毛利率出現大幅下滑的情形，則應視為成長停滯或衰退的警訊，要留意停利點。

指標3》看清財報P圖術

介紹完「企業不倒金鐘罩」和「存股黑馬護城河」後,接著來看「看清財報 P 圖術」。

2-1 有提到,投資最需要的就是穩定及可預測性,所以我們會挑選高本業收入比率的公司,因為公司的業外收益常常只能賺一次,且上上下下不穩定,因此有時候就成為公司美化財報的幫手。所以,當我們要看清一家公司財報的真面目,就不能只看公司的每股稅後盈餘(EPS),而是連同「財務三率(毛利率、營業利益率及稅後淨利率)」都要同時觀察(財務三率的計算方式詳見 2-1)。

毛利率如前所述,代表著製造或經營能力的高低;營業利益率則象徵本業的賺錢能力,為重要指標;稅後淨利率則是包含業內與業外整體的獲利能力。一般來說,當財務三率呈現「三高」(又稱三率三升),而且本業收入比率高時,代表公司的獲利不斷上漲,那麼股東的人生是彩色的。然而當財務三率呈現「三低」時,代表公司獲利不斷減少,此時股東的人生多半是黑白的(詳見圖 4)。

基本上,財務三率三高的公司我們都不用太過擔心,這代表公司年年都有賺錢,但要留心的是,有些公司會利用財報 P 圖術來美化報表。

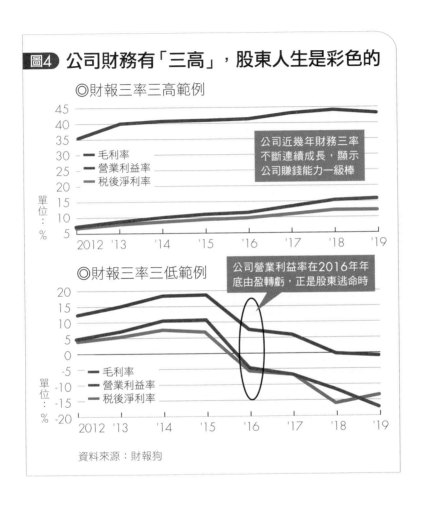

圖4 公司財務有「三高」，股東人生是彩色的

◎財報三率三高範例

- 毛利率
- 營業利益率
- 稅後淨利率

公司近幾年財務三率
不斷連續成長，顯示
公司賺錢能力一級棒

單位：%

2012 '13 '14 '15 '16 '17 '18 '19

◎財報三率三低範例

公司營業利益率在2016年年
底由盈轉虧，正是股東逃命時

- 毛利率
- 營業利益率
- 稅後淨利率

單位：%

2012 '13 '14 '15 '16 '17 '18 '19

資料來源：財報狗

　　就損益表的結構來看，通常毛利率會高於營業利益率，而營業利益率又會高於稅後淨利率。但如果公司的財報有開「美肌模式」或是濃妝豔抹，那麼當還原美肌或卸妝後，可能會從驚喜變驚嚇。最常見的就是，公司的毛利率及營業利益率表現很

差，趨勢向下，但公司卻透過業外收益拉高稅後淨利率及 EPS（詳見圖 5）。

很多人常常只看新聞簡短的報導及 EPS 絕對數字，例如「XX 公司獲利翻 3 倍、EPS 大賺 10 元、現金股利殖利率 20%⋯⋯」，就跳進去買股票，結果卻慘遭套牢，但若好好看清楚公司財務三率的變化，留心稅後淨利率的走勢是否有異常，心就能如明鏡般，任何妖魔鬼怪馬上就現身。

有人會覺得，「現在社會流行斜槓、多元收入，企業多元複合經營不也是種潮流趨勢？」但事實上，根據過往諸多投資經驗，只有本業不賺錢的公司，才會去搞一堆業外投資想辦法增加收入。

也許有人會反駁，「市面上有許多賺錢的公司，旗下也有很多子公司啊？」但投資人要知道，一家公司想要變成母集團控股公司的方式，通常是公司發展許久後，陸續把不同部門切割獨立，最後開枝散葉，而不是到處投資不同領域。因此，就「看清財報 P 圖術」來說，最需要確定的就是公司的本業是否有賺錢，也就是必須關注公司的營業利益率。

那麼營業利益率是否有一個標準可以參考呢？我在統計台股超過 1,700 檔公司的營業利益率資料以後發現，超過 30% 的只有 55 家，大於 10% 的則有 521 家，占了 3 成比重（詳

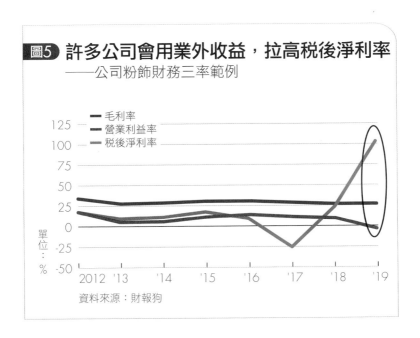

圖5 許多公司會用業外收益，拉高稅後淨利率
——公司粉飾財務三率範例

毛利率
營業利益率
稅後淨利率

單位：%

125
100
75
50
25
0
-25
-50

2012 '13 '14 '15 '16 '17 '18 '19

資料來源：財報狗

見表6）。因此，若要挑選營業利益率表現佳的企業，10%
以上是合宜的數據。但因為還有其他的指標要一同檢視，故而
我們可以設定挑選標準為毛利率、營業利益率及淨利率都大於
0，再加上公司能連續獲利5年以上，且每年發放股利，就能
縮小選股範圍了。

指標4》黑馬致富密碼

前面介紹了「企業不倒金鐘罩」、「存股黑馬護城河」和「看
清財報P圖術」3種進階指標，現在我們就來看最後一個存股

進階指標「黑馬致富密碼：本益成長比（PEG）」。

PEG 是傳奇基金經理人彼得‧林區（Peter Lynch）最愛用的指標之一，是用來衡量淨利是否增長及合理性，其公式如下：

本益成長比（PEG）＝本益比（P/E）÷ 淨利複合成長率

要注意的是，淨利複合成長率是使用百分比的「數值」直接計算。例如淨利複合成長率為 20%，在計算時直接除以 20 即可。

有些人會覺得，為什麼要看 PEG，單看 EPS 不行嗎？這是因為 EPS 增長不代表公司淨利增長，有時候公司減資也會造成 EPS 成長的假象。但 PEG 就不同了，PEG 只有在公司有獲利，且預期未來獲利會持續成長才能夠進行估算，是相對可靠的指標。

那 PEG 要多少才算好呢？理論上，當公司的獲利能夠年成長 20%，那麼本益比應該就是 20 倍，此時 PEG 為 1（＝ 20÷20），但實務上由於股價和獲利之間常常會有落差，所以 PEG 的數值也會有高有低。

當 PEG 低於 0.8 時，代表股價沒跟上獲利的腳步，還被市場低估或冷落；當 PEG 在 0.8 ～ 1.2 區間時，代表股價及成

表6 台股有1/3公司營業利益率>10%
——台股上市櫃公司營業利益率統計

營業利益率條件	符合條件家數（家）	占台股上市櫃家數比率（％）
>30%	55	前3
>20%	176	前10
>10%	521	前29
>5%	869	前49

註：資料統計時間為 2019 年～ 2020 年　　資料來源：CMoney

長性匹配；當 PEG 在 1.2 ～ 1.5 區間時，代表股價高於公司的成長性；當 PEG 大於 1.5 時，代表股價評價可能遠高於獲利成長動能（詳見表7）。從經驗來看，當 PEG 在0.8 ～ 1.5 區間時，會是不錯的選擇，至於 PEG 大於 1.5 時，則需要做進一步的確認。

　　以台股最重要的股票台積電來看，它的 PEG 達到 3.53（註 2），代表目前股價成長的幅度遠高出盈餘增長的能力。以現況來看，有幾個原因造成這樣的現象：1. 主要競爭對手製程研發不順；2. 市占率高居晶圓代工龍頭，因此擁有定價權；3. 產能供不應求。上述 3 個原因使得市場預期台積電未來的

註 2：台積電 2020 年年度均價為 371 元、近 4 季 EPS 為 19.1 元，可算出其本益比為 19.4 倍。以年複合成長率 5.5% 來看，PEG 為 3.53。

表7 當PEG＜0.8，意味股票成長動能被低估
——PEG高低意義

PEG數值	代表意義
＜0.8	市場低估成長動能
0.8～1.2	股價與成長動能匹配
1.2～1.5	市場給出較高評價
＞1.5	股價成長動能遠高於盈餘成長動能

資料來源：《彼得林區選股戰略》

盈餘會再進一步推升，進而刺激當下的股價增長。此外，廚衛電龍頭櫻花（9911）則是過去 10 年獲利連續增長，計算得出 PEG 為 1.1（註 3），是很好的存股選擇標的之一（詳見圖 6）。

看完 PEG 的說明以後，接著來看該怎麼計算。

分子的部分很簡單，證交所的網站上面就有個股的本益比資料（註 4）。但是分母「淨利複合成長率」究竟該用哪一個數

註 3：櫻花 2020 年年度均價為 47.5 元，近 4 季 EPS 為 4.13 元，可算出其本益比為 11.5 倍。以年複合成長率 10.5% 來看，PEG 為 1.1。

註 4：證交所「個股日本益比、殖利率及股價淨值比」網址為：www.twse.com.tw/zh/page/trading/exchange/BWIBBU_d.html。

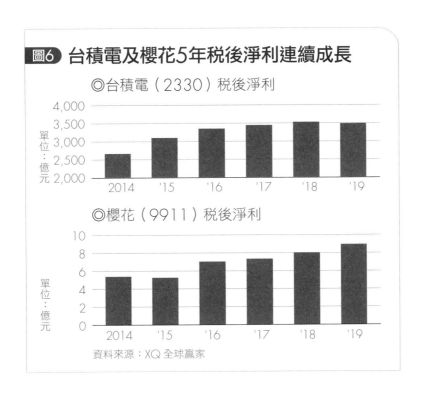

圖6 台積電及櫻花5年稅後淨利連續成長

◎台積電（2330）稅後淨利

單位：億元

◎櫻花（9911）稅後淨利

單位：億元

資料來源：XQ全球贏家

值比較呢？最簡單的方法就是使用「過去5年稅後淨利的年複合成長率（CAGR）」，計算方式如下：

過去5年稅後淨利的年複合成長率
＝（Y6稅後淨利÷Y1稅後淨利）^（1/5）－1

其中，過去5年依時間序假設為Y1、Y2、Y3、Y4、Y5、Y6。例如，以2021年來看，Y1為2015年、Y6為2020

表8 PEG為正數時，股票填息率高

——8檔股票填息率與PEG比較

代號	名稱	2016年～2020年的填息率（％）	PEG
3217	優　群	100	0.65
3583	辛　耘	100	0.81
3533	嘉　澤	100	1.01
5403	中　菲	80	1.07
3023	信　邦	100	1.10
1773	勝　一	100	1.29
8341	日　友	100	1.32
2330	台積電	100	2.40

資料來源：優分析 - 價值 K 線

年（註5）。

　　但在使用此方法時要注意，由於年複合成長率是用頭尾年度獲利、年數計算，如果企業獲利在頭尾年度出現極端值，例如業外獲利暴增或暴減，算出來的年複合成長率可能會失真。因此，手邊有券商報告的人，也可以改用券商預測公司未來 2 ～ 3 年的成長率來當分母，會較準確。

註 5：PEG 採增長概念，Y1 到 Y2 表示增長 1 年，Y1 到 Y3 表示增長 2 年，依此類推。

從前述可知，能算出 PEG 的前提是「公司有賺錢」且「預測公司未來還會再成長」。因此，如果公司沒有獲利就沒有本益比，也就沒有 PEG；如果公司有獲利，但賺得沒有比之前多，還是沒有 PEG。

畢竟有賺錢是一回事，但有沒有「愈賺愈多」是另一回事。就好像 A 公司連續 5 年年賺 8 元，與 B 公司近 5 年分別賺 5、6、7、8、9 元相比，兩者的潛力是不一樣的。B 公司因為賺錢力道不斷增加，股價才有推升的動力。

因此，當 PEG 為正數時，代表公司獲利有所成長，股利有機會愈配愈多、股價更會一路成長，填息機率多半可達100%，投資人有機會可以賺到價差（詳見表 8）。也就是說，善用 PEG 來選出存股黑馬，可以一次解決存股過程所要面對的兩件事情——賺股利及賺價差。

(2-3) 用評價2＋3模式為金融股做體檢

「不存金融股，何必談存股？」每每提到存股，金融股自然也是首選之列，因為「金融股什麼都不會，就只會賺錢！」這種很會賺又有持續獲利的能力，就是投資的最大保障，加上配息豐厚，讓金融股很適合當傳家寶（詳見圖1）。

根據多年的經驗我發現，很多在股票操作上獲利頗豐的人，都是買到好公司但忘記了。放在那邊10多年後，有一天猛然想起，拿出存摺檢視才發現已經賺了很多倍，甚至錢多到可以再傳給子女，國內的金融股很多都可以當這樣的傳家寶。

事實上，金融股是無論景氣蕭條與否，每天都在賺錢的公司。細數過去25年來，發生過大大小小的事情，像是1997年亞洲金融風暴、2000年網路泡沫、2008年金融海嘯、2009年歐債危機等，但台灣目前還存活下來的30多家金融股中，卻有22檔都能繳出超過20年的獲利數字，有些雖是屬於有政府在背後支持的「國家隊」，也有一些是一路購併弱小的業者壯大起來（詳見表1）。

圖1 適合當傳家寶的股票往往具備3特色
──傳家寶特色

特色1》**生生不息**	可以持續獲利
特色2》**風險合理**	波動合理可接受
特色3》**穩定配息**	股利豐厚

　　此外，由於目前台股是屬於法人為主的市場，因此法人機構的選股動向，也就代表了市場趨勢。以ETF來說，能被選入指數成分股的標準在於獲利持續穩健、股利持續回饋股東、市值規模大，而金融股就相當符合這樣的標準。這點從許多追蹤指數的ETF，像是追蹤台灣50指數的ETF「元大台灣50（0050）」和追蹤MSCI台灣指數的ETF「富邦摩台（0057）」，其持股標的涵蓋了金融股來看，就可以知道了。

依業務不同，金融股可分成4種類型

　　一般來說，金融股依本體業務不同可分為「壽險」、「銀行」、「證券」和「票券」4種類型，分述如下：

1.以壽險為主

　　以壽險為主的金融股，跟保戶收了許多保費後，會在海內外

做轉投資，例如買海外資產、房地產、債券等，賺取租金、債息或是增值利益。但這並非穩賺不賠的生意，也是有可能會虧錢，像是經濟局勢變動、投資標的穩定性、匯率等，都會對其造成影響。在還沒有處分資產實現損益時，這些帳面未實現損益都會記在資產負債表的金融資產科目項中。

2.以銀行為主

以銀行為主的金融股，獲利來源為放款及存款的利差、財富管理及金融服務收入等，雖然也會轉投資海外資產，但比重相對偏低，隱藏損失相對較少。

由於銀行型金融股影響獲利因素較少，股價成長空間也小，但是每年配發的股利殖利率相對穩定。因此若要選擇定存股，以銀行為主體且大股東為財政部的幾家金控，像是第一金（2892）、兆豐金（2886）等，是最穩當的標的。

倘若進場點佳，持有銀行型金融股每年股利殖利率約在4%～5%左右，相較於現在1年期定存只有0.8%左右的利率（2021年2月），做定存領利息，還不如成為金融股股東領股息。

3.以證券為主體

以證券為主體的金融股，例如統一證（2855）、群益證（6005）、元大期（6023）、群益期（6024）等，常因

表1 台灣有22檔金融股20多年來皆有獲利
——金融股獲利、股息配發率

代號	名稱	稅後盈餘年數（年）	近5年股利平均配發率（％）
2801	彰　銀	24	70
2809	京城銀	22	39
2812	台中銀	22	65
2820	華　票	24	73
2823	中　壽	24	48
2832	台　產	25	53
2836	高雄銀	21	89
2845	遠東銀	22	65
2849	安泰銀	21	64
2850	新　產	22	42
2851	中再保	24	50
2880	華南金	23	91
2882	國泰金	26	48
2883	開發金	23	85
2884	玉山金	23	91
2885	元大金	23	45
2886	兆豐金	24	74
2887	台新金	21	92
2889	國票金	23	87
2891	中信金	25	66
2892	第一金	24	89
6005	群益證	25	70

註：1. 稅後盈餘年數統計至 2020 年 12 月，是指過去 25 年繳出正報酬率的年
　　數；2. 近 5 年股利平均配發率資料統計區間為 2016 年～ 2020 年
資料來源：CMoney

股市榮枯而影響獲利能力，收入雖不若銀行業穩定，但若管理得當仍能穩定獲利。

4.以票券為主體

以票券為主體的金融股，例如國票金（2889），是透過發行短天期的票券給投資人，轉投資長期債券賺取利差，幾乎可說是穩賺不賠的生意，而且降息環境下更為有利。

以一般投資選擇性來看，多數會選擇保守穩健的銀行型金融股為主。若是以高殖利率為考量，則票券型金融股是不錯選擇。至於證券類金融股，獲利表現主要受到股市交易金額高低影響，近年來股市由於推動現股當沖、零股盤中交易等制度，使得股市交易金額上升，獲利也繳出成長表現。而壽險型金融股因「國際會計準則 17 號公報（IFRS 17，註 1）」導入後會影響損益認列方式之緣故，普遍有保留現金、減少配發股利來對應潛在風險的現象，導致現金股利發放不如預期，也間接影響短期股價表現。

評價金融股時，須更加注重風險

了解有哪些金融股適合存以後，接著，來看看金融股應該要

註 1：國際會計準則理事會（IASB）預計於 2023 年 1 月施行 IFRS 17，台灣則預計於 2026 年上路。

如何評價。前面 2-1 和 2-2 介紹了找定存股以及黑馬存股的指標，但金融股的財報及指標評估方式，卻跟一般企業不太一樣，因為光是看損益表，就可以發現金融業跟製造業的組成大不相同。

例如，台積電（2330）主要是賺銷售產品的營業收入，但玉山金（2884）賺的則是融資給企業、法人、一般民眾的利息收入，兩者差異很大（詳見圖 2）。

因此，很多一般企業用來評估獲利的指標，包括毛利率、營業利益率等，就不適合用在金融股身上（因為金融股沒有營業收入）。此外，由於銀行有一部分收入主要是靠放款來賺取利息，故若用一般企業的負債比來評估金融股，也一樣不適用。故而在評斷金融股時，需要用到其他指標。

至於金融股該用哪些指標來判斷呢？我認為可以採用「金融股評價 2 ＋ 3 模式」。「2」是指財務 2 指標，包含「總資產報酬率（ROA）」和「股東權益報酬率（ROE）」，其資料來自公司的財務報表，用以了解投資效益。「3」則是指資產安全性 3 指標，包含「資本適足率（BIS）」、「逾期放款比率（NPL）」和「備抵呆帳覆蓋率」，其資料主要來自「金融監督管理委員會銀行局」的網站，用來了解金融股賺錢的資產品質與安全性，目前有多高的風險及呆帳率（詳見表 2，查詢方式詳見文末圖解教學）。分述如下：

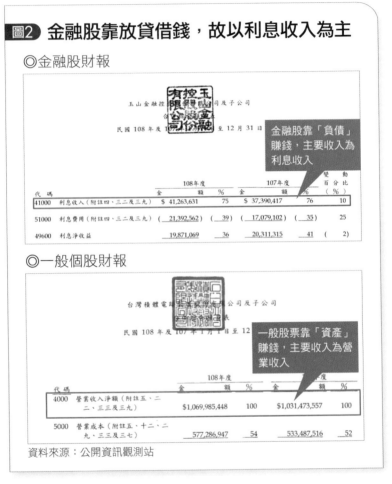

圖2 金融股靠放貸借錢，故以利息收入為主

◎金融股財報

玉山金融控股股份有限公司及子公司

民國 108 年及 107 年 1 月 1 日 至 12 月 31 日

金融股靠「負債」賺錢，主要收入為利息收入

代　碼		108年度 金額	%	107年度 金額	%	變動百分比（%）
41000	利息收入（附註四、三二及三九）	$ 41,263,631	75	$ 37,390,417	76	10
51000	利息費用（附註四、三二及三九）	(21,392,562)	(39)	(17,079,102)	(35)	25
49600	利息淨收益	19,871,069	36	20,311,315	41	(2)

◎一般個股財報

台灣積體電路製造股份有限公司及子公司

民國 108 年及 107 年 1 月 1 日至 12 月 31 日

一般股票靠「資產」賺錢，主要收入為營業收入

代　碼		108年度 金額	%	107年度 金額	%
4000	營業收入淨額（附註五、二二、三三及三九）	$1,069,985,448	100	$1,031,473,557	100
5000	營業成本（附註五、十二、二九、三三及三七）	577,286,947	54	533,487,516	52

資料來源：公開資訊觀測站

財務指標1》總資產報酬率（ROA）

　　總資產報酬率（ROA）的意義就是用全部的總資產可以賺到多少錢，也代表金融股所做的投資、添購的設備與固定資

表2 用財務2指標＋資產安全性3指標檢視標的

——金融股評價2＋3模式

項目	財務2指標		資產安全性3指標		
	指標1	指標2	指標1	指標2	指標3
指標名稱	總資產報酬率（ROA）	股東權益報酬率（ROE）	資本適足率（BIS）	逾期放款比率（NPL）	備抵呆帳覆蓋率
公式	稅後淨利÷總資產×100%	稅後淨利÷股東權益×100%	自有資本÷風險性資產總額×100%	逾期放款÷總放款×100%	備抵呆帳÷逾期放款×100%
條件	>0.5%	>8%	>8%	<3%	>100%

產、買進的存貨、應付廠商的帳款、預付的費用等，可以為公司賺到多少錢。在評估時，ROA 宜大於 0.5%。

財務指標2》股東權益報酬率（ROE）

股東權益報酬率（ROE）則如 2-1 所述，是用來評估公司錢滾錢的效益有多高，也是股神巴菲特（Warren Buffett）最重視的指標。ROE 除了用來評估一般公司以外，也很適合用來評估銀行股的投資價值。跟評估其他企業的標準一樣，ROE大於 8% 是低標。

資產安全性指標1》資本適足率（BIS）

資本適足率（BIS）為自有資本與風險性資產的比率，用來

確保銀行經營的安全性及財務健全性，避免操作過多風險性資產，每季公布一次。一般來說，資本適足率愈高表示銀行愈保守，愈低則表示銀行承受風險的程度較高。根據現有《銀行法》規定，銀行的資本適足率必須在 8% 以上。

就目前情況來看，截至 2020 年 9 月底，台灣的銀行資本適足率皆在 8% 以上，台灣本國銀行平均資本適足率為 14.14%。與 2007 年底金融海嘯發生前台灣本國銀行平均資本適足率 10.81% 相比，提升了 3.33 個百分點，可看出台灣銀行業在金融監督管理委員會（簡稱金管會）的嚴格監管下，風險資產比率已大幅降低，趨近保守。

資產安全性指標2》逾期放款比率（NPL）

實務上，銀行是用資本及存戶的錢再去放款收利息，因此放款能否順利收回並賺到利息就是很重要的事情。逾期放款比率即是超過一定期限未正常繳納本息的放款，占總放款的比率。

當逾期放款比率愈高，代表銀行放款品質愈差、存戶安全性愈低，一出事就容易引發恐慌性擠兌。因此，逾期放款比率宜小於 3%。就目前情況來看，截至 2020 年 12 月，台灣的銀行逾期放款比率都在 1% 以下。

資產安全性指標3》備抵呆帳覆蓋率

備抵呆帳覆蓋率是用來評估銀行承受呆帳能力，也就是有沒

有錢可以填補虧損，若不幸踩雷或是虧損時就可以動用。這就像地上有坑洞要用柏油覆蓋，柏油多一點蓋得才完整，什麼洞都可以補。因此，備抵呆帳覆蓋率愈高，代表銀行對於呆帳的承受能力愈好，建議最好是大於 100%。

就目前情況來看，截至 2020 年 12 月，台灣的銀行除了2021 年 1 月才開始正式營運的樂天國際商業銀行以外，其他銀行的備抵呆帳覆蓋率都在 100% 以上。

實務上，銀行除了提列備抵呆帳以外，還能透過「抵押品」來增加防護。也就是說，如果一筆銀行放款，同時有在帳上提列備抵呆帳而且還有抵押品，等於穿了 2 層防彈衣，萬一哪天借款方出了問題，還不出本利，這個事件還造成市場恐慌股價下跌時，反而是極佳的買點！因為銀行可以用手中抵押品取回款項。

不過在事件爆發第一時間點也要注意抵押品的價值，必須要是能拍賣得掉，且拍賣後不會賠錢的。若賣超過放款的價值，不會變成銀行獲利，而是會退回去給借款人，所以沒有多餘的收入，只要考慮能否拿回放款金額及利息即可。

從法人青睞金融股、報酬率做初步篩選

基本上，上述就是有關「金融股評價 2 ＋ 3 模式」的相關

表3 8檔金融股，近10年累積報酬率超過100%

| 代號 | 名稱 | 累積報酬率（%） | | 殖利率（%） | ROE > 8% | ROA > 0.5% |
		5年	10年			
2801	彰　銀	74.5	189.1	4.1	7.3	0.6
2880	華南金	89.2	134.8	5.8	8.8	0.6
2884	玉山金	129.6	373.1	5.9	12.1	0.8
2886	兆豐金	60.8	159.2	5.6	9.1	0.8
2887	台新金	38.4	130.0	6.1	9.5	0.8
2891	中信金	49.4	139.7	5.0	12.3	0.7
2892	第一金	80.1	140.3	6.2	9.1	0.6
5880	合庫金	88.7	129.8	5.7	8.0	0.5

註：1.單位皆為%；2.殖利率為2020年年均股價所計算之總股利殖利率；3.ROE 及ROA為2019年底資料；4.資本適足率為2020年9月底資料；5.逾 期放款比及呆帳覆蓋率為2020年12月底資料

介紹。接著，我們再來看實務上應該要如何挑選適合的金融 股。我們可以先從法人關注的金融股開始挑選。例如可以看看 有哪些金融股，是同時被不同法人所青睞的。

像是我們可以從「元大台灣50」和「富邦摩台」裡面， 挑出重複的金融股，共有14檔，包括彰銀（2801）、華南 金（2880）、富邦金（2881）、國泰金（2882）、開發 金（2883）、玉山金、元大金（2885）、兆豐金、台新金

——金融股財務數據

	資本適足率＞8%	逾期放款比＜3%	呆帳覆蓋率＞100%
	13.83	0.38	334.66
	13.62	0.15	794.77
	14.02	0.19	656.29
	13.82	0.21	725.59
	14.48	0.10	855.31
	13.46	0.23	594.23
	13.17	0.24	527.32
	13.73	0.29	430.00

資料來源：公開資訊觀測站、銀行局、Goodinfo! 台灣股市資訊網

（2887）、永豐金（2890）、中信金（2891）、第一金、
上海商銀（5876）和合庫金（5880）。

　　挑出受法人歡迎的金融股以後，可再從「近 10 年累積報酬
率超過 100% 的標的」做第 2 次選擇。接著，再依序檢視「財
務指標」和「資產安全性指標」（詳見表 3）。挑選完畢後，
會發現選出來的標的，有半數以上是倒不得的國家隊，民營機
構則 ROE 多大於 10%。

以玉山金為例，其 ROE 一路往上，從 2008 年金融海嘯後 4% 到 2019 年度的 12%，稅後淨利率也是像爬山一樣，從 2008 年的 7.2% 一路爬升至 2019 年度的 36.9%。從股利發放狀況來看，玉山金就像早期的鴻海（2317），不管賺多少都發 1 元股票股利，而願意發股票股利的公司，代表可預期未來的投資成長性，這也代表未來可以賺更多，才會讓股本繼續膨脹。這種獲利成長、股票股利也穩定發放的公司，股價往上走的機率高，正是最讓人期待的成長型存股。

若要從金融股中找出定存股，可依照 2-1 所教學的步驟，挑出「現金股利配發 10 年以上、ROE 大於 8%、本業收入比率超過 80%、高配息率且大到不能倒的公司」，包括兆豐金、第一金、華南金、合庫金都符合這樣的標準。

由於這類金融股主要靠放款賺錢，也會因為放款不利消息，導致短線股價重挫，可是對此類股票而言，「一旦股價重傷就是買點」。而之前買了金融股卻面臨股價下跌的人，唯一的問題就是沒有在低點繼續加碼，只要加碼攤平成本，長線穩定獲利都可以期待。

前面提到的資產安全性 3 指標（資本適足率、逾期放款比率、備抵呆帳覆蓋率），在財務報表上是找不到資料，必須上金融監督管理委員會銀行局網站查詢。茲將各個項目的查詢方式列出來供讀者參考。

Step 1 登入「金融監督管理委員會銀行局網站」（www.banking.gov.tw）首頁，依序點選❶「金融資訊」、❷「金融統計」。

Step 2 頁面跳轉後，點選❶「金融服務業一般經營概況及效益指標」。

編號	標題	發布日期
1	統計資料庫動態查詢系統	2021-01-15
2	當期電子書	2021-01-15
3	金融統計指標 (109年11月版)	2021-01-15
4	基本金融資料(109年第3季)	2020-
13	…市別金融…	2020-09-15
14	金融服務業產值占GDP之比率 ❶	2020-11-27
15	金融服務業一般經營概況及效益指標	2021-01-15

接續下頁

Step3 頁面跳轉後，點選第 5 項「本國銀行體之資本適足率」旁邊的❶「xls 檔案」，檔案會自動下載。之後，將 Excel 檔打開，❷最右邊一欄就是最新年度資料。

資料來源：金融監督管理委員會銀行局

圖解教學❷ 查詢逾期放款比率、呆帳覆蓋率

Step1 登入「金融監督管理委員會銀行局網站」（www.banking.gov.tw）首頁，依序點選❶「金融資訊」、❷「銀行業務資訊揭露」。

Step2 頁面跳轉後，點選❶「本國銀行逾放等財務資料揭露」。

編號	標題	發布日期
1	金融機構資訊揭露相關函令	2016-02-18
2	信用合作社逾放等財務資料揭露	2021-01-26
3	本國銀行對中小企業放款餘額統計表(ODS FILE)	2021-01-07
4	數位存款帳戶業務統計	2020-08-19
5	本國銀行放款品質分類統計表(ODS FILE)	2020-11-05
6	資產證券化核准與發行統計表(ODS FILE)	2021-01-28
		12-03
8	金融機構出售不良債權相關報表	2021-01-14
9	銀行及信合社警示帳戶辦理情形	2019-01-10
10	外國銀行逾放等財務資料揭露 ❶	2020-11-12
11	本國銀行逾放等財務資料揭露	2021-02-04

接續下頁

Step3 頁面跳轉後，點選要查詢的月份資料，檔案會自動下載到電腦。此處以 2020 年 12 月的資料為例，點選 109 年度右方的❶「12」。

| 機關介紹 | 公告資訊 | 法規資訊 | 金融資訊 | 消費者園地 | 便民服務 | 政府資訊公開 | 業務主題專區 | 相關單位連結 |
| 防制洗錢及打擊資恐 | 金管會銀行局因應嚴重特殊傳染性肺炎(COVID-19)防疫紓困專區 |

:::	:::
金融資訊	回首頁　金融資訊　銀行業務資訊揭露
銀行業務資訊揭露	銀行業務資訊揭露
各銀行呆帳資訊揭露網址	
金融統計	本國銀行逾放等財務資料揭露
金融機構基本資料查詢	📅 2021-02-04
金融機構營業時間	
出版品	
利率	
其他	

109年度	1	2	3	4	5	6	7	8	9	10	11	**12**	
108年度	1	2	3	4	5	6	7	8	9	10	11	12	
107年度	1	2	3	4	5	6	7	8	9	10	11	12	(PDF,Excel)
106年度	1	2	3	4	5	6	7	8	9	10	11	12	(PDF,Excel)
105年度	1	2	3	4	5	6	7	8	9	10	11	12	(PDF,Excel)

Step4 將下載的壓縮檔打開，裡面有 PDF 跟 Excel 檔，可任意選擇一個查閱。檔案打開後，最右邊兩欄即分別是❶「逾放比率」和❷「備抵呆帳／逾期放款」，也就是備抵呆帳覆蓋率。

本國銀行資產品質評估分析統計表

資料月份：109年12月

單位:百萬元

銀行別	存款	稅前盈餘 (累計)	放款總額	逾期放款總額	貼現及放款提列 之備抵呆帳	淨值	❶逾放 比率 (%)	❷備抵呆帳/ 逾期放款 (%)
臺灣銀行	4,172,465	12,274	2,913,875	4,479	44,666	383,048	0.15	997.26
臺灣土地銀行	2,688,353	10,929	2,114,413	3,244	34,550	175,350	0.15	1,065.02
合作金庫商業銀行	3,271,646	17,238	2,293,946	6,745	29,001	241,389	0.29	430.00
第一商業銀行	2,694,803	18,356	1,914,353	4,500	23,728	219,313	0.24	527.32
華南商業銀行	2,528,365	14,479	1,805,616	2,682	21,318	201,984	0.15	794.77
彰化商業銀行	1,909,148	8,312	1,481,728	5,589	18,703	165,064	0.38	334.66
上海商業儲蓄銀行	1,039,397	14,576	769,199	1,652	9,757	154,469	0.21	590.50
台北富邦商業銀行	2,131,853	21,226	1,427,906	2,317	17,992	219,121	0.16	776.54
國泰世華商業銀行	2,575,542	25,022	1,620,594	2,274	26,846	242,297	0.14	1,180.41
中國輸出入銀行	0	746	143,027	51	1,972	34,789	0.04	3,883.17
高雄銀行	230,223	888	178,203	534	2,044	16,294	0.30	382.60
兆豐國際商業銀行	2,593,118	23,298	1,899,057	3,977	28,857	294,640	0.21	725.59
花旗(台灣)商業銀行	631,773	9,759	305,879	1,223	5,662	104,723	0.40	462.97
王道商業銀行	253,374	1,233	166,100	705	2,183	35,556	0.42	309.70

資料來源：金融監督管理委員會銀行局

第 3 章

進階投資學

3-1 2祕訣配置股票組合 打造不敗戰隊

　　不同投資人在遇到大盤重挫時會有不同反應——以技術面操作的人會看線停損，波段操作的人會順勢放空，做期權的人會避險，那存股族又該怎麼做呢？只能傻傻空等嗎？就我自己的經驗來說，面對股災的舉動其實非常簡單，只有９個字：「不避險，不停損，不放空」！

攻守兼具的投資組合，遇到股災時相對抗跌

　　讀者可能會覺得奇怪，為什麼我能夠做到「不避險，不停損，不放空」呢？其實這是因為我早在買進股票時，就已經打造了一個「相對抗跌的投資組合」，所以在股災來時不會手忙腳亂，也不會刻意避險。不停損則是因為這個投資組合跟大盤重挫的跌幅相比，虧損程度較低，且因為所持有的個股都是績優股，長線獲利依舊看好，無須刻意停損。至於放空之道則非存股族所擅長的，因為我們平日心心念念所找的是長期獲利的績優股，因此，與其趁亂放空變差的公司，不如等待好公司被打折拍賣。

所以，存股族在大盤異變時並非什麼都不能做，若打造了一支不敗的股票戰隊，自然不畏股災。而且當大家逃命恐懼時，才是存股者正要貪婪撿便宜的時刻。那麼該如何組成一支存股戰隊？可以先從徵選棒球隊隊員來理解。

　　不管任何球賽，組隊比賽的目的只有一個──贏球。因此，不同球員最好具備各種能力，例如要有擅長推打、有能盜壘、有安打王，有巨砲全壘打、上壘王，還要有厲害的守備。

　　再來是教練要能安排每一棒所需的特色，例如前 3 棒要有安打及上壘的能力，第 4 棒最好要能全壘打，才能保送前 3 棒一起回本壘。足球隊也是這樣的邏輯，不可能全部都是前鋒攻擊手，也不會都是守門員，不會每一個都是強手，但一定會有其特殊強項。

　　而《魔球（Moneyball）》這部電影也告訴我們，明星球員跟贏球並非絕對關係。當我們可以從資料庫篩選，找到上壘率好、打擊率高、得分多的選手，從數據上的搭配就可以建立一支贏球球隊。

　　股票組合也是如此。並非每一檔股票都是飆股，才能打造不敗存股戰隊，只要能搭配得當，就能組成一支即使大盤單日重挫 6% 以上，但存股組合只小跌 0.4% 甚至小漲 1%、2% 的組合，相當於比大盤多 6 ～ 7 個百分點的報酬率，因此投資

人根本不需要做任何事情。

這就讓我想起當兵時，班長說的一件事，「日子過得爽不爽是相對比較出來的。當我們在樹下喝飲料，隔壁班卻在出操時，我們就是爽。但是跟在屋子內吹冷氣的人相比，就顯得不爽了。」

而我們在投資時所對應的標的正是大盤指數，當指數下跌時，手中持股可以跌得比它少就是爽；當指數上漲時，手中持股可以漲得比它多一點也是相同道理。

要打造出這樣的不敗戰隊，首先要從第 2 章所提到的「股東權益報酬率（ROE）大於 8%、每股稅後盈餘（EPS）及營業利益較之前年度成長、營運活動之現金流量和自由現金流量都大於 0、負債比小於 60%」這些條件做初步篩選。

也許讀者會疑惑，選股用這麼簡單的指標，真的會挑到好標的嗎？但公司開門經營就是要賺錢、應用資本獲得收益，那麼就是有 ROE，而且 EPS 跟營業利益最好是每年持續成長。這些標準放諸四海皆準，無論在任何產業幾乎都是一樣的。

先做這樣的篩選，在決定投資組合的時候就不會有「爛芭樂」充數，真正遇到危機時也就可以發揮團隊穩定的戰力，而不會被爛芭樂拖累。而且這些指標概念簡單、資料好找、應

用方便，就算是要研究單一公司，光是看這些指標，就能在 3 分鐘內決定是否要再繼續研究下去，省下許多時間。

經過上述指標的篩選後，接著就可以來組戰隊了。要組成不敗戰隊有兩個祕訣，分別是「降低投資組合波動率（貝他值或是 β 值、β 係數）」及「分散投資不同產業」。

祕訣1》降低投資組合波動率

「波動率」指的是大盤上漲期間，個股跟上大盤多少腳步、與大盤的相對比率關係，也就是個股與大盤的距離。這是利用統計回歸的方法所計算出來的數值（波動率的查詢方式詳見文末圖解教學）。

一般來說，個股相對指數的波動幅度會用 β 值表示。若 β 值大於 1，表示個股股價波動比大盤波動還大，高風險也有高報酬；若個股的 β 值為 1，表示個股股價與大盤走勢相同，例如元大台灣 50（0050）跟大盤的波動率就是趨近於 1（詳見圖 1）；若 β 值介於 0 ～ 1 之間，表示個股股價波動低於大盤，風險相對較低；若 β 值為 0，代表個股股價與大盤波動無關；若 β 值為負數，表示個股股價方向跟大盤相反（詳見表 1）。

由於個股的波動率各不相同，有些股票漲得比大盤多，有些

圖1 元大台灣50與大盤連動,因此 β 趨近於1

——加權指數、元大台灣50(0050)股價走勢圖

單位:%

- 加權指數 — 元大台灣 50

120
105
90
75
60
45
30
15
0

2017　　'18　　'19　　'20

註:1. 資料時間為 2016.02.05 ~ 2021.02.05;2. 投資商品
的波動率並非定值,而是會隨著時間改變
資料來源:XQ 全球贏家

比大盤少,因此在建構投資組合時,最好能互相搭配,將投資
組合的波動率維持在一個可接受的數值上。如果都選擇漲得比
大盤多的高波動率股票,同時也代表著,一旦大盤下跌時,會
跌得更多,那麼就不符合投資組合穩健的原則。

祕訣2》分散投資不同產業

在組不敗存股戰隊時,通常會挑選不同性格的球員,有些擅
長打擊、有些擅長守備。球員的特色愈分散,結合在一起時才
會有最強戰力。若將此方法放到投資組合上,就是分散投資於

表1 若 β 值<0，意味個股走勢與大盤負相關
—— β 值代表意義

β 值	代表意義
>1	個股股價波動比大盤波動還大，風險高亦有超額報酬
=1	個股股價與大盤走勢相同，此類多為複製相同成分股的指數型ETF
0~1	個股股價波動低於大盤，但跌少不一定漲得少
=0	個股股價與大盤波動無關
<0	個股股價方向跟大盤相反

不同產業的個股。這樣做的好處在於，當投資涵蓋的產業包山包海時，即使有些股票現在表現沒那麼出色，但不代表其他時間點不好。

歷史也一再證明，股市好的時候，都是成長型或題材型股票上漲；可是一旦全球經濟下滑，平時股價不會動的防禦型類股，例如電信、油電燃氣等公用事業，或是食品、不動產投資信託（REITs）、高股息 ETF、債券等，價格就會慢慢變貴。

也就是說，股市的類股漲勢是輪動的。因此，與其等市場熱度來了才下手買進，不如直接配置好一個包羅萬象的投資組合，那麼不管在什麼樣的狀況下，都可以處變不驚，也不會隨著市場波動心癢難耐做出不適合的決定。但要注意的是，若投

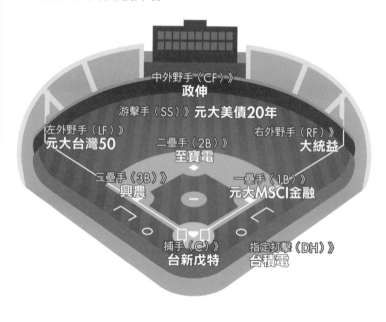

圖2 配置40%強棒，為存股組合衝高獲利

◎存股達人隊先發陣容

中外野手（CF）》
政伸

游擊手（SS）》**元大美債20年**

左外野手（LF）》
元大台灣50

二壘手（2B）》
至寶電

右外野手（RF）》
大統益

三壘手（3B）》
興農

一壘手（1B）》
元大MSCI金融

捕手（C）》
台新戊特

指定打擊（DH）》
台積電

資組合的個股檔數太少，會達不到分散的效果，因此最好能搭配6～10檔公司。

案例示範》股魚存股達人隊共分9棒

接下來，就挑選幾檔個股來搭配，作為如何配置投資組合的

◎存股達人隊先發陣容

棒次	投資標的（代號）	β值	2019年ROE（％）	2020年報酬率（％）	配置比重	功能性
1	政　伸（8481）	0.53	17.80	18.98	低波動15%	體質好、獲利穩
2	至寶電（3226）	0.57	23.80	11.21		
3	元大台灣50（0050）	1.06	N/A	21.87	強棒40%	賺錢重炮手
4	台積電（2330）	1.21	20.90	53.78		
5	元大MSCI金融（0055）	0.76	N/A	-7.21		
6	興　農（1712）	0.56	9.64	8.68	穩健股15%	低波動、穩盤
7	大統益（1232）	0.60	24.70	4.13		
8	台新戊特（2887E）	0.24	N/A	-5.42	特別股／債券型ETF30%	守成本、股利穩
9	元大美債20年（00679B）	-0.06	N/A	7.09		

註：1.ETF 和特別股無 ROE 數據，以 N/A 表示；2. 本表內容僅供講解用，應以實際狀況為準　　資料來源：CMoney、Goodinfo! 台灣股市資訊網

示範。

　　我們可以參考棒球隊的組成方式，將「存股達人隊」的先發陣容組織如下：1、2 棒需要拿下開門紅；3 ～ 5 棒則是具有攻擊火力的強力打者；6、7 棒主要是求穩；8、9 棒則是用來守住成果的（詳見圖 2）。

1、2棒》求波動低、勝率高

　　1、2棒的配置重點是安打及上壘率,以政伸(8481)及至寶電(3226)等跟汽車產業有關的個股為主,不但股價跑得比較快,波動率不高,而且本業比重高,因此可以放在首選位置。

3~5棒》以攻擊火力為重

　　3~5棒是強棒,可選擇台灣之光台積電(2330)、元大台灣50(0050)及元大MSCI金融(0055)。

　　台積電在2011年股價70元左右時就有人說高不可攀,結果2019年股價漲到200元,成長了近2倍。之後台積電的股價在2020年、2021年年初又大漲了一段,最高來到679元(2021年1月21日盤中高點)。

　　而大幅持有台積電的0050,其股價也連帶受惠(註1),從2011年的40幾元漲到2019年的80幾元,之後股價又一路上漲,最高來到143.25元(2021年1月21日盤中高點)。

　　選擇元大MSCI金融則是因為金融股為特許行業,萬一發生金融危機會有動亂,政府勢必會出手救助、穩定市場,是相對安全的標的。此外,由於金融股是新台幣升值受惠股,不管短期或是長遠都有所表現,所以是很合適的標的。

6、7棒》以求穩為主

6、7棒則追求上壘率高、把前面壘包上的選手送回本壘，因此需要選擇波動率更低、更穩健的標的，例如興農（1712）及大統益（1232）這類食品化工股。

8、9棒》守住獲利

球隊的最後2棒則是要替大家守住勝局，可以挑選能保住票面價值，且配息優先於普通股的特別股，例如台新戊特（2887E），或是債券型商品，例如元大美債20年（00679B）。

這個投資組合在2019年5月大盤大跌1個月的期間內，仍然維持正報酬（詳見表2）。即使從2019年初抱到2019年5月，績效也還是勝過大盤。

「存股達人隊」這樣的搭配意義在於，高波動股放在前鋒，負責賺錢；低波動股負責中線及防禦，賺到至少該賺到的錢，例如配息，而且買了讓人很安心；後衛則是保本配息型的商品。

整個組合其實要強調的是「不敗」，也就是跌得少，但漲起來又不會輸的組合，適用各種類型投資人，不管積極型或保守

註1：2021年1月28日0050的成分股中，台積電持股權重為51.87%。

型。因此，只要知道這樣的原理，投資人就可以自行配置出勝率高的存股組合戰隊，並成為「最好睡」的台股投資人。

高殖利率＋低波動策略，勝率自然高

已經在股市投資一段時間的人一定都體驗過，投資最掙扎的時刻，就是決定標的及何時買進、賣出，尤其是已經賠錢的時候。但若設計出類似「存股達人隊」這樣的組合，其實就不太需要做選擇，因為多半是低波動的標的，買了很安心。

市場上很多人喜歡「釘孤枝」，單壓一檔有時的確漲很快但也跌最快。這套將投資標的組成「球隊」的目的，是為了要贏球，而不是為了買飆股明星。思考一下，延攬所有明星球員的球隊不見得會贏球，而且投資並非追求最高報酬率，而是追求「獲利入袋」，不然股價曾經漲再高，都只是自我安慰。

而且很多人覺得，「會漲的飆股只有電子股」、「保守型的組合跌得少也漲得少」，其實這都是不正確的觀念，因為以「高殖利率股＋低波動」的組合來看，高殖利率不只形成防禦關卡，也是獲利來源，因此不代表會是低報酬。再者，這樣的選股邏輯並非看品牌，而是看公司的財務體質。而台股中其實有很多隱形冠軍，就是那種公司名稱雖然很少人聽聞過，但卻賺得肥滋滋的公司，這種一旦被挖掘出來公開亮相，股價將不可同日而語。

表2 股市大跌時，存股達人隊報酬率仍為正值
——存股達人隊報酬率

日期	持續期間	β值	報酬率（%）	同期大盤報酬率（%）
2019.01.01～2019.05.28	5個月	0.34	9.2	8.1
2019.04.28～2019.05.28	1個月	0.46	1.4	-6.4
2020.01.01～2020.12.23	1年	0.60	12.6	19.0

註：1. 資料時間至 2020.12.23；2.2019 年 5 月大盤大跌，故單獨列出比較
資料來源：CMoney、Goodinfo! 台灣股市資訊網

以政伸來說，2018 年（註 2）ROE 為 17.6%，大於 8% 過關；負債比率 17%，也低於標準 60% 以下；營業活動之現金流量和自由現金流量都大於 0；而且公司專注本業，本業收入比率達 95%，波動率只有 0.53。雖然公司的波動率比較小，看似無聊，但卻很穩。

而興農、大統益、至寶電也都是波動率低的公司。如果自認為保守，就建議專門買這類公司，再搭配幾乎可說是穩定配息兼保本的特別股或是債券型 ETF，打造出來的就是「跌得少的投資組合」，不但買得安心，還能抱得放心。

註 2：2019 年挑選存股達人隊時，是參考 2018 年的財務數據資料。

如果想要打造「漲得多的投資組合」，其中有 3 ～ 5 檔就要加入波動率 1 左右的公司，例如 IC 設計、設備儀器工程、台積電供應鏈等公司，但還是要有低波動的非電子產業以及高殖利率股做搭配，整體投資組合波動率仍在 0.8 以下，如此才能控制好投資風險。

　　但在這裡我也要提醒大家一下，書中所示範的組合並非投資建議，僅作為說明舉例用，且公司評價會隨著財報數字變動，文中所列個股狀況與書籍出版後的情況必有所不同，投資人應自行按照當下的財務數據判斷來挑選適合個股。

圖解教學　查詢個股波動率

Step1 β 值（貝他值）是用來衡量個股相對指數的波動幅度，市面上有很多券商網站都可以查到相關資料，下面我們以元大證券的網站為例。

登入元大證券網站首頁（www.yuanta.com.tw/eyuanta/），接著，在上方「代碼」處輸入想查詢的個股資料，此處以台積電（2330）為例，輸入❶「2330」，輸入完畢按下旁邊的❷放大鏡圖案。

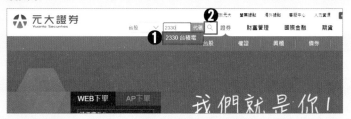

Step2 頁面跳轉後，將滑鼠往下拉就會看到投資風險欄下的❶「貝他值」，此處為 1.24。

台積電(2330)個股基本資料

最近交易日:02/05　市值單位:百萬

開盤價	638.00	最高價	641.00	最低價	631.00	收盤價	632.00
漲跌	+5.00	一年內最高價	679.00	一年內最低價	235.50		
本益比	33.37	一年內最大量	172,158	一年內最低量	12,581	成交量	55,113
同業平均本益比	45.15	一年來最高本益比	35.53	一年來最低本益比	18.62	盤後量	1,023
總市值	16,388,000	85年來最高總市值	17,451,146	85年來最低總市值	92,816		

投資報酬率		財務比例(109.3Q)		投資風險	
今年以來	19.25%	每股淨值(元)	68.93	貝他值	1.24 ❶
最近一週	6.94%	每人營收(仟元)	6,948.00	標準差	1.93%
最近一個月	16.61%	每股營收°(元)	13.75		
最近二個月	26.26%	負債比例	32.15%		

資料來源：元大證券

挑高填息率公司
避免賺股利、賠價差

　　存股最重要的保護門檻就是穩定發放的股利，這來自於投資人透過股權購買，間接地將資金交給企業運用，獲取的利益之一；這就有如存戶將資金存放在銀行之中，銀行透過借貸放款收取利息，再將部分利息回饋給存款人一樣。

　　正因兩者的行為有極大類似之處，因此，市場常常將公司現金股利與銀行利息的發放混為一談，且都用「殖利率」來估算資金投入效益。其實嚴格來講，不能將兩者畫上等號，無論是在行為或實際效益上，都有顯著的不同（詳見表1）。

　　就本金風險的角度來看，銀行存款就是保證本金不會減損，每年固定時間可以領取利息，利息可事前估算；但證券投資並不保證本金會毫髮無傷，也就是說，當你決定將資金放置於股票市場中時，就不能期待本金不會受到任何虧損，因此如何忍受市場波動起伏是個重要課題。

　　再者，銀行提供便利的資金領存作業，雖無本金減損問題，

表1　與證券投資不同，定存無本金虧損問題
——定存利息及股利差異

項目	銀行定期存款	證券投資
本金風險	無減損問題	隨時波動
利息／股利發放頻率	月領／年領	多為1年1次，少數公司為每季一次
殖利率	約0.5%～1%（視銀行政策）	2%～10%（視公司獲利）
抗通膨能力	無	有（要慎選標的）
資金提領時間差	當下（ATM）	賣出後（T＋2日）
填權息問題	無	有
標的選擇問題	無（選往來方便與高殖利率的銀行）	有

但換來的是低殖利率。而證券投資則是相反，資金領用相對不易（股票賣出後，金額要等 T＋2 日才能領取），雖本金有減損風險，卻有機會獲取高殖利率。

　　不過投資人要注意的是，雖然高殖利率可以讓投資人賺得更多，但有些股票在高殖利率的背後，其實暗藏許多不為人知的陷阱，若未留意，可能會讓你賠了夫人又折兵。此外，若投資人單看殖利率就進場，很有可能會賺了股利卻賠了價差。只有在公司配發股利以後，股價有填權息，股東才是真正有賺到。因此，下面我們將再深入討論，如何看出公司誘人的高殖利率

背後，是否有不可告人的真相，以及公司需要符合哪些篩選條件，才能享有高填權息率。

2原因導致異常的高殖利率情況

先來看高殖利率背後的陷阱。不過在繼續說明之前，我們先來看殖利率是怎麼算出來的。由於對於存股族來說，能否源源不絕地領到現金股利是頭等大事，因此，下面的計算將以「現金股利殖利率」為主。

現金股利殖利率是指把一筆錢長期投入股市，每年所能拿回的利息，某種程度相當於這 1 年股利的投資報酬率。其公式如下：

現金股利殖利率＝每股現金股利 ÷ 股價 ×100%

其中，每股現金股利＝前一年的每股稅後盈餘（EPS）× 現金股利發放率。

例如，2021 年現金股利殖利率＝ 2020 年 EPS× 現金股利發放率 ÷2021 年股價 ×100% ＝ 2021 年發放的現金股利 ÷2021 年股價 ×100%。

從現金股利殖利率的公式中可以看出，現金股利為分子，股

圖1　股利不變但股價下跌，殖利率也會提升
——高現金股利殖利率來源

股價下跌	◎股利沒變但股價下跌 ◎市場已預期今年業績不佳
賣祖產型	◎拿業外收益出來配 ◎為一次性，下次不知何時還會有
配老本型	◎拿保留盈餘、資本公積（也就是公司私房錢）出來配 ◎可能未來沒有成長空間

價為分母。因此，在股價不變的前提下，當現金股利殖利率變大是因為公司去年賺比較多，導致可配發的股利變多（分子變大）是最好的。但若是因為其他因素導致現金股利殖利率變大的話，投資人就需要留意了。

一般來說，正常的現金股利殖利率大約在 4% ～ 6% 左右。成長型公司因股價成長更快（分母較大），現金股利殖利率可能僅有 2% ～ 3%。因此，若市面上出現某一檔個股的現金股利殖利率超過 6% 時，投資人不應該見獵心喜，貿然買進作為存股，而應先觀察其歷年的資料。除非該公司每年現金股利殖利率都是如此之高，否則超高股利殖利率多半代表有異常現象發生，而這對於投資人來說，未必是一件好事（詳見圖1）。這些異常現象主要可分為下列幾種：

表2 中連貨的高殖利率來自配發老本及賣祖產

年度	EPS（元）	現金股利（元）	配息率（％）	填息花費日數（日）
2015	3.81	3.20	84	709
2016	0.88	1.80	**205**	176
2017	0.79	1.50	**190**	37
2018	4.03	3.75	93	154

註：現金股利的數值是以股利配發年度為主

1.分子不變、分母卻變小

當現金股利殖利率的分子（現金股利）不變，但分母（股價）卻變小時，表示公司的股價愈來愈低。這有可能是公司賺大錢的日子已成往事，或是市場預期公司未來的業績成長性不佳，股價率先反映。像是被動元件、面板、航運等這類景氣循環類股，剛步入衰退循環時，股價有可能會跌跌不休。若投資人將這類型的公司當作存股標的，只怕會愈存愈虧。

2.分子變大，分母還沒動或變小

當現金股利殖利率的分子（現金股利）變大，但分母（股價）不變或變小時，主要原因是來自公司今年發放的現金股利，相較過去異常得高，有時候現金股利殖利率算下來甚至超過 10%。

——中連貨（5604）歷年股利與財務數據

	年均股價（元）	殖利率（％）	本業收入比率（％）
	34.8	4.9	37
	31.1	9.2	101
	30.7	5.8	31
	36.1	4.9	**2**

資料來源：優分析

　　這時投資人要做的事情是，區分公司所發放的現金股利，是因為公司表現良好、獲利噴發，還是公司所配發的現金股利是來自於「賣祖產」或「配老本」。若高現金股利是因為公司業績大幅好轉所導致，投資人較無須擔心，但若是高現金股利是來自於「賣祖產」或「配老本」，投資人就需多加留意。

　　1. 賣祖產型：指公司去年獲利包含賣土地、辦公室或機器設備的資產處分利得，所以今年可以發比較多股利，但這種現金股利其實很像路邊撿到錢的偏財運。

　　以中連貨（5604）為例，其本業不賺錢卻有高淨利。2016 年股價除息後，2017 年、2018 年就沒有填權息過。以股價沒有填權息這點來說，代表公司業務不被看好，但也有

可能是公司正在轉型，需要先打個問號留校察看。而就後續追蹤來看，中連貨也的確自 2019 年 4 月退出貨運市場，轉型不動產租售業務，連年處分停業部門及固定資產利益、土地徵收處分利益（詳見表 2）。

但不是每家公司都有豐厚祖產可以賣，因此「賣祖產」這類業外收益多半是一次性的，賣完就沒了。若公司賣了祖產卻沒有再另作投資及擴張的打算，只是把錢都配發給股東，那麼公司未來前景就可能有點堪慮。以中連貨為例，主要是處分舊資產做業務轉型，若對該公司有興趣就要關注轉型是否成功，以及轉型後獲利能力是否提升。

2. 配發老本型：「配發老本」型，是指公司把資本公積、保留盈餘拿來配息，這些是更早年度賺來但沒有配發的錢，是公司的私房錢、急用金，多半拿來撥補虧損或投資所需的急用金。一般來説，公司突然把這些錢拿來配發給股東，主要有 2 個原因：

①公司為了維持或拉高配息率，藉以拉抬股價。例如五鼎（1733）在 2017 年、2018 年度基於資產評價減損，而把資本公積配發給股東，以維持股利平穩，但公司業務其實失去成長動能，股價在 2013 年後就一路往下。雖然該公司的平均現金股利殖利率多半維持在 4% 之上，但也並非存股良選（詳見圖 2）。

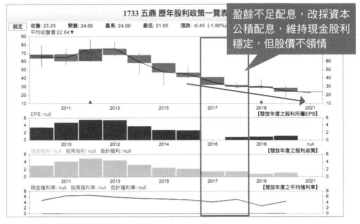

圖2 五鼎以公積配息維持殖利率，股價仍下滑
——五鼎（1733）歷年股利與財務數據

註：資料時間為 2010 年～ 2020 年
資料來源：Goodinfo! 台灣股市資訊網

②母公司想要把子公司的錢挖回來，也會發很多現金股利。例如大同集團旗下持股 3 成的精英（2331），在 2012 年～ 2016 年期間配發的現金股利包含資本公積，大幅超過賺來的錢。統計這 5 年的 EPS 總額為 8.26 元，但卻配發了 12.97 元的現金股利（註 1），盈餘配發率超過 130%；其中，公積

註 1：實務上，公司的盈餘會在隔年配發給股東，亦即 2011 年的盈餘會在 2012 年配發，故而此處 EPS 是從 2011 年計算至 2015 年、現金股利是從 2012 年計算至 2016 年。

表3 精英盈餘及公積配息超過獲利

盈餘所屬年度	EPS（元）	現金股利配發年度	現金股利（元）	
2015	2.07	2016	2.00	
2014	2.09	2015	5.00	
2013	3.44	2014	3.00	
2012	0.30	2013	0.50	
2011	0.36	2012	2.47	
小計	8.26	小計	12.97	

註：1. 現金股利＝盈餘＋公積；2. 盈餘配發率＝現金股利÷EPS

配息 2.63 元，占總現金股利的 20%（詳見表 3）。

　　以上，就是高殖利率背後可能隱藏的陷阱。投資人在選擇股票時，千萬別看到高殖利率就見獵心喜，記得要先觀察背後的原因，以免不小心挑到金玉其外，敗絮其內的股票。

股價若沒有填權息，配股息僅是一場空

　　前文有提到，投資人在挑選存股標的時，除了要留意高現金股利殖利率背後的原因之外，也要考慮公司的「填權息率」！

　　什麼是填權息率？在繼續說明之前，先來看什麼是除權息。

——精英（2331）歷年股利與財務數據

	盈餘（元）	公積（元）	盈餘配發率（％）	年均現金殖利率（％）
	1.95	0.05	97	11.7
	5.00	0.00	239	19.9
	3.00	0.00	87	13.4
	0.04	0.46	164	4.1
	0.35	2.12	686	26.9
	10.34	2.63	N/A	N/A

資料來源：Goodinfo! 台灣股市資訊網

除權息是指公司將股票股利或現金股利發放給股東的行為，當股東在取得股利的同時，其持有個股股價也會連帶扣除相對的價值（註2），表現在K線上就是會出現一段往下的跳空缺口。因為這些股利是從公司內部轉移到股東身上的，所以會調降股價來減少市值，達成平衡。因此，公司配發股利的行為，其實是一種把錢從左手（公司）移到右手（股東）的概念。

舉個例子來看，假設投資人持有10張中華電（2412）的股票，且中華電在除息前1日的收盤價為100元、除息當日

註2：除權息參考價＝除權息前股價－現金股利÷（1＋股票股利÷面額10元）。

配發 5 元的現金股利，且未配發股票股利。則除息日開盤當天，中華電的股價會從 100 元調整為 95 元（＝（100 元－5 元）÷（1＋（0 元÷10 元）））。

在不考慮其他費用（例如手續費、稅費等）的情況下，投資人在除息前手中的股票是價值 100 萬元（＝100 元×10 張×每張 1,000 股），除息後股票價值為 95 萬元（＝95 元×10 張×每張 1,000 股），加上 5 萬元（＝5 元×10 張×每張 1,000 股）的現金股利，合計仍為 100 萬元（詳見表 4）。

也就是說，投資人在賺到 5% 現金股利殖利率的同時，個股價位也被扣除了 5%。若是個股股價在除權息後沒有回到原本的價位（即填權息），則當次的除權息對於投資人本身而言，並沒有什麼好處，不但會被視為收入課稅，且配息如果超過 2 萬元還需繳交二代健保補充保費。

以前因為兩稅合一制設算扣抵制的關係，具備高可扣抵稅率的公司能讓投資者少繳很多所得稅，但 2018 年稅制調整後已經沒有這樣的福利了。所以投資的過程中，不能只關注殖利率高低來配置資金比率，填權息的機率也相對重要。如果投資人沒有留意到填權息率的問題，只看到公司殖利率表現優異，便決定將資金投入，那很可能還沒享受到殖利率的甜美果實，便先承受了本金虧損的苦果。

表4 除權息前後，股東手中股票總價值不變
──除權息股票價值計算

項目	股價（元）	持有張數（張）	股票帳面價值（元）	現金帳戶餘額（元）	總額（元）
除權息前	100	10	100萬	0	100萬
除權息後	95	10	95萬	5萬	100萬

註：假設公司未發放股票股利，且不考慮手續費、證交稅與二代健保補充保費等費用

　　這也是許多投資人常犯的毛病，因為看到財經新聞或雜誌大肆報導某一檔個股擁有 8% 以上超高的殖利率，馬上見獵心喜，決定立刻下單買進，還沾沾自喜地以為買了就能夠賺到這麼多報酬率。殊不知，這些投資人買進之後，雖然如願領到股利，卻從此沒有見過股票填息之日，真正是「賺了股利卻賠了價差」。

　　從前面描述可以知道，由於股價是跟著企業經營的績效連動，因此，若是要獲得良好的殖利率並填權息，那麼企業是否具有連續性獲利能力與分配盈餘的條件就至關重要，而且「只有真正獲利的公司，才有能力支付現金股利」。

　　實務上，投資公司最重要的一件事便是取得盈餘分配的權利。當公司盈餘分配的數字愈高，投資人便願意支付較高的價

格取得股權，進而推升股票價位。若企業失去獲利能力，企業除了題材投機之外，再也沒有吸引資金的理由，股價自然隨之修正。從這個角度來看，若能透過財務指標來找出具有連續性獲利與盈餘分配能力的企業，自然能大幅提高填權息的機率。

順利填權息公司，往往具備3大特徵

那麼可以順利填權息的公司，通常會具有哪些特徵？

特徵1》營收要能成長

能見到累計營收成長，甚至較去年同期有成長 10% 以上的股票填息速度更快。若無成長至少整體要能持平，因為有時候正在做資本投資擴張，營收效益還未顯現。或是有些公司的營運已經穩定，尤其是獨占或寡占類的公司，但它們能透過改善品質或是提高營運效率來節省成本，提高獲利空間，這兩者的前提都是營收不能掉。像是台積電（2330），正是隨著營運愈來愈好而快速填息的案例（詳見表 5）。

特徵2》公司要賺足夠的錢

ROE 在 8% 以上，ROE 及 EPS 雙雙推動股利穩定或成長，這類公司對諸多投資人來說都是比較有價值的。當一家公司有持續賺錢的好效率，每股獲利還能增長，那麼就表示明年股利會再提高。那麼不管是還沒進場、等除權息便宜價的場外投資人，或是放棄除權息的股東們，都會在除權息後趁股票還有低

表5 近7年來，台積電填息天數愈來愈短
——台積電（2330）填息情況

年度 （年）	2014	2015	2016	2017	2018	2019	2020 前3季
填息天數 （天）	90	154	3	32	20	1~11	1~15
填息率（%）	100	100	100	100	100	100	100
ROE（%）	27.9	27.0	25.6	23.6	22.0	20.9	22.0
營收增幅（%）	27.77	10.58	12.38	3.11	5.53	3.73	25.17
EPS（元）	10.18	11.82	12.89	13.23	13.54	13.32	14.47

註：1.2019年台積電的配息頻率從年配改為季配；2.2020年營收為1～12
月累計合併營收增幅
資料來源：Goodinfo! 台灣股市資訊網

價時快點買回。

特徵3》過去填息紀錄佳

除權息後的1年內，有任一天的最高價高於除權息前一天的收盤價就是填權息，最好是近5年都能百分百填權息。對於想要投資存股的人來説，要找填息率在80%以上的公司為佳（80%意指5年內，有4年在1年內完成填息）。

總的來説，目前台股的平均現金股利配發率超過6成，代表企業對股東普遍大方。要注意的是，若現金股利配發率大幅

拉高，但獲利卻持平或下降，有時也隱含著公司對於所賺來的錢沒有再投資及成長的企圖心，只想靠股利留住股東的心。因此，在面對現金殖利率的課題上，有兩大原則要特別注意：

1. 殖利率不要貪高：以台股歷年平均殖利率約 4.5% ～ 5% 的水準，能大於 5% 已屬於高殖利率數字。以本業獲利配息超過 7% 的個股非常少，因此高殖利率出現時通常是有問題的（例如：賣廠房、股價暴跌之類），要檢視背後的原因。

2. 能填息才是真入袋：個股除息的當天除了確定提撥現金股利給股東外，當天股價也會以扣除股利後的數字開出，沒有填息就沒有賺到股利價值。

當投資人透過第 2 章的財務指標選出一些個股後，可以再掌握上述這些要點做進一步的篩選。如此一來，不管是要選擇存股戰隊的隊員，或是打算拿來做短線波段投資，增加整體投資報酬率時，都等於再多了一項利器。

3-3 用4種估價法 判斷股票合理價值

　　在組「不敗存股戰隊」時，成本買在哪裡依舊是關鍵所在。畢竟「沒有買進，頂多是沒有賺到；但若是價位買貴了，則是真實的虧損」。但是一般人很難掌握股價波動趨勢，看似容易實際上卻十分困難，否則也不會有那麼多投資老手先後被市場淘汰。

　　事實上，就連企業主本身掌握了大量資訊，包括訂單狀況、產業景氣報告、趨勢預測、研發進度等等，都還是會誤判股價趨勢。以台積電（2330）為例，該公司曾在 2000 年時因為產能供不應求，內部資料顯示後市持續看好，而大幅度擴張資本支出。沒想到，隔年半導體景氣卻反向大幅下滑，供不應求的市況立即轉變成供過於求，產能利用率下滑，結果股東權益報酬率（ROE）從過往的 20% 一下就降到 8% 以下，直到 2003 年才重新站穩腳步，恢復到往日的獲利水準。

　　從這個案例就可以了解，就連掌握大量資源的經營者也會誤判產業趨勢，只能獲得片面資訊的一般投資人自然是要更加謹

慎,而非聽到不知來源的消息就貿然進場。

即使是已經有許多工具在手,包括財報、籌碼、技術面、產業研究等,股價本身還是會受到心理因素與市場訊息等因子干擾而產生激烈波動,投資人想猜測股價的走勢存在一定的難度,但這不代表在市場投資只能像瞎子摸象。根據許多前人經驗的驗證,我們仍然可以學會如何計算合理的參考估價。

找出股票難以跌破的底價,就能在低點買進

證券投資的形式有點類似於商品交易,只是這個商品有幾項特質:

1. **價格隨時在波動**:有可能一整年價格沒有波動,甚至好幾年價格都不變;也可能一日千里,年初年尾的價格差異超過1倍以上。

2. **有各自的盈餘分配**:這就跟買一隻母雞回來後,還會生蛋的概念是一樣的。證券背後所代表的企業體,每年會因為經營績效的優劣而分配不同金額的股利給投資者。

3. **有隱形底價**:每檔證券都必然存在某個不會輕易被跌破的底線。例如一張8元的郵票有其面額,但幾乎不太可能買到比面額8元更低的價格。從通路的角度來看,郵局不會賣

更低的價格，集郵社通路及私人收藏通常會高於 8 元，這是因為郵票上的 8 元是提供郵務服務的背後價值。

換成證券投資的角度來看，這個面額就相當於證券背後的真實財務價值。除非遇到市場恐慌或是企業受到重大利空打擊，不然的話，想要用遠低於財務估算數字買進的機會，可說是微乎其微。

實務上，每檔個股的真實財務價值，會因為經營狀況與財務結構的不同而高低起伏。可是，每當股價往價值靠近時，市場就會出現「smart money（聰明的錢，暗指精明的投資者）」進場買進，使得最佳買點快速消失，這也是看似無明確規則的市場中所存在的特殊現象。如何成為 smart money 的一分子，就要對於「如何找出價值所在」這個議題多下點功夫。

例如，投資人可以透過「高登零成長模型」、「殖利率法」、「本益比法」和「每股現金價值」這 4 種方法找出證券難以被跌破的數值。

但要提醒讀者，這裡所計算出的價值所代表的是一種相對支撐與合理性的判斷，並不是 0 與 1 的判斷模式。畢竟，如果真的有一種公式或是技巧能夠找出絕對的高低點價位，投資的世界就不會那麼繽紛多彩了。下面，我們就來介紹這 4 種估價方法：

方法1》高登零成長模型

推算合理估價的第一種方法為「高登零成長模型」，其計算方式有兩種，分述如下：

第1種計算方式

「高登零成長模型」第 1 種計算公式為：

$$P_0 = \frac{D1}{(1+R)^1} + \frac{D2}{(1+R)^2} + \cdots\cdots \frac{Dn}{(1+R)^n} + \frac{P^\infty}{(1+R)^\infty}$$

其中，

P ＝股價；

D ＝股利；

R ＝要求報酬率。

上述公式可簡化為：

合理估價＝股利 ÷（要求報酬率－盈餘成長率）

其中，盈餘成長率多會採用 0%。

舉例來説，若A公司股利為 5 元、投資人要求報酬率為 8%、預估該公司的盈餘成長率將維持每年 3% 成長。我們可以試著

來計算有盈餘成長率與盈餘零成長時的估價狀況。當盈餘成長率為 3% 時，高登模型的估價為 100 元（＝ 5÷（8% － 3%））。當盈餘成長率為 0% 時，高登模型的估價為 62.5 元（＝ 5÷（8% － 0%））。

計算後會發現，若預估一家公司盈餘將持續增長時，投資人必須付出較高的代價，這也符合我們對於獲利持續增長公司的預期。但在投資實務上，要預測公司的盈餘成長率是很困難的。若以保守的心態來看待估價，則採用盈餘零成長會是較為常見的做法。

高登零成長模型法看起來是很複雜的模型，但簡化後其實就是把股利除以要求報酬率，就會算出合理估價。至於這個「要求報酬率」要設多少，其實跟每個人的期待有關。太貪心的話算出來的價格誤差會太大，是永遠到不了的價位，因此建議可以將報酬率設為每年 8%。這跟 ROE 大於 8% 這個道理相關，當我們篩選公司以此為準時，也就代表我們期待的公司是每年有 8% 獲利，以及股價穩定成長的能力。

以網版貼標印刷大廠政伸（8481）為例，2020 年發放 3 元現金股利及 0 元股票股利，可算出 37.5 元（＝（3 元＋ 0 元）÷8%）的合理估價。

當然，如果你覺得設 8% 的要求報酬率太少，可以自行將參

數調高。但如果你是用 80% 或是 200% 作為要求報酬率，那麼算出來的合理估價分別是 2.5 元及 1 元，這是可能性極低的價位，較沒有參考價值。因為當一家公司股價只剩下這個價位時，多半是等著要清算了，不可能發出如此高的股利。除非是賣祖產之類的才有可能出現這種情況，但也只是曇花一現的效果，因此，建議將要求報酬率設置在合理的範圍內。

第2種計算方式

估價公式可利用欄位的替換衍生出不同計算方式。例如，高登零成長模型除了上述「合理估價＝股利 ÷ 要求報酬率」的計算方式以外，還可以用另一種方式計算，說明如下：

> **合理估價＝淨值 ×（股東權益報酬率 ÷ 要求報酬率）**

以政伸為例，該公司在 2019 年的財務數據如下：淨值為 19.15 元；股東權益報酬率（ROE）為 17.84；要求報酬率為 8%（投資人自行評估決定，本例中一樣設為 8%）。將數據代入公式後可算出，政伸的合理估價為 42.7 元（＝ 19.15 元 ×（17.84%÷8%））。

基本上，前述提到的兩種「高登零成長模型」的計算形式，都是基於盈餘零成長的保守假設下所計算的結果。在我的估算習慣上，也多採用零成長假設為主，主要原因是企業的盈餘獲利成長率並不像是數學計算模型的線性結果，實務上起起伏

伏，甚至於衰退後再成長才是真實情況。

面對複雜的投資市場，對企業前景要保持樂觀，但對於財務估價則建議要保守面對。畢竟連公司內部人掌握大量訊息都有可能會誤判情勢，更何況是一般投資人！

方法2》殖利率法

推算合理估價的第 2 種方法為「殖利率法」，其計算方式為：

合理估價＝現金股利 ÷ 期待殖利率

殖利率法適合長期穩定配發現金股利的公司，也就是定存股，所計算出的合理估價會比較接近實際股價。例如，電信三雄——遠傳（4904）、台灣大（3045）、中華電（2412）、大統益（1232，食用油品）、永記（1726，虹牌油漆）、永大（1507，電梯養護）、大台北（9908，瓦斯）、中保科（9917，保全）等與民生需求相關產業的定存股。因為這些公司會提供投資人穩定的被動現金流量，而且景氣波動低，有高自由現金流量，較適合用殖利率法來推算合理估價。

但在使用殖利率法時，設定「期待殖利率」跟第 1 個公式的「要求報酬率」的概念一樣，不能脫離合理範圍太遠，以免永遠等不到能出手的價位。以中華電為例，2020 年配發的

現金股利為 4.23 元,若期待殖利率為 5%,計算出的合理估價為 84.6 元(＝ 4.23÷5%)。這表示當中華電的股價低於 84.6 元時,便是值得下手的好機會。

但若該公司近 5 年最低股價,幾乎沒有低於合理估價時,就表示要將期待殖利率適時降低。以中華電近 5 年(2016 年～ 2020 年)的最低股價來看,介於 97.9 元～ 106 元之間(詳見圖 1),從未低於合理估價 84.6 元之下,此時就應該要向下調整期待殖利率。

至於該怎麼調整呢?我們可以中華電近 5 年最低股價的中位數為 102 元和近 5 年現金股利區間 4.23 元～ 4.94 元計算,回推最低殖利率區間約為 4.1% ～ 4.8%。也就是說,當推估出中華電 2020 年度的獲利及股利時,就可以用 4.1% ～ 4.8% 計算適合入手的合理價位區間(近 5 年現金股利區間可以當下查到的最新資訊為準,讀者可依實際情況自行調整)。

方法3》本益比法

推算合理估價的第 3 種方法為「本益比法」,其計算公式為:

合理估價＝預期本益比 × 預期每股稅後盈餘(EPS)

其中,本益比＝股價 ÷EPS。

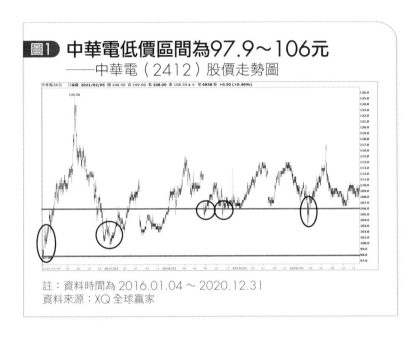

圖1 **中華電低價區間為97.9～106元**
——中華電（2412）股價走勢圖

註：資料時間為 2016.01.04 ～ 2020.12.31
資料來源：XQ 全球贏家

　　有些成長股發放的股利占獲利比重並不高，或者是改發股票股利，以便留下資金再轉投資，把握成長的機會。當每股稅後盈餘的成長狀況比較明顯時，那麼用本益比法來計算合理估價比較適合。

　　以台股為例，加權指數的長期本益比在 15 倍（詳見圖 2）。所以當大盤跌到低於 15 倍本益比時進場布局的勝算高，跌到 10 倍本益比代表超跌，這種時候進場根本不用害怕。而且不用計算預估的股價，只要從本益比河流圖直接觀察，就可以看到支撐位置，以及其適合採取的本益比為何。

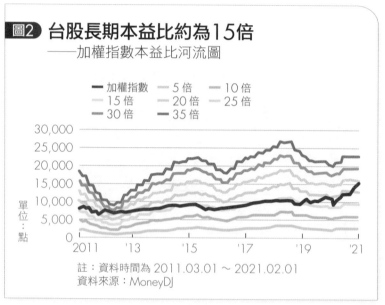

圖2 台股長期本益比約為15倍
──加權指數本益比河流圖

加權指數　5倍　10倍
15倍　20倍　25倍
30倍　35倍

單位：點

註：資料時間為 2011.03.01 ～ 2021.02.01
資料來源：MoneyDJ

　　再以台光電（2383）為例，2016 年～ 2020 年股價每每跌破 10.6 倍本益比後不久就會反彈。因此，若之後遇到突然恐慌性大跌，使得台光電跌至 10.6 倍本益比以下時（以 2020 年 12 月 4 日當天來看，也就是 125 元以下），就會是很好的買點（詳見圖 3）。

　　至於本益比法在實際運用時，該如何計算呢？我們從前述公式就可以看出，在利用本益比法推算合理股價時，最重要的是推估「預期本益比」和「預期 EPS」的數值，而推估方式如下所述：

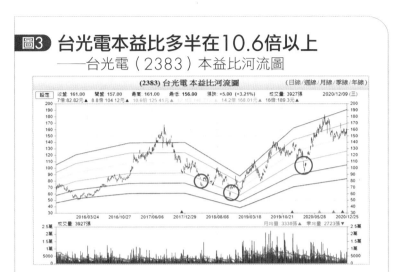

圖3 台光電本益比多半在10.6倍以上
——台光電（2383）本益比河流圖

註：資料時間為 2015.08.28 ～ 2020.12.25
資料來源：Goodinfo! 台灣股市資訊網

1.預期本益比的推算方式

預期本益比可以採用過去 3 ～ 5 年本益比的中位數，作為
適合買進的預期本益比，若不想計算也可以看本益比河流圖。
成長型公司多半取平均本益比作為基準，此種採中間值買進的
做法相當於取市場均價。另一種方式則是看區間低價常落在哪
條本益比線上下，就以該條本益比為基準，這種方式較適合堅
持在相對低點才要進場的投資人。

這兩種邏輯並沒有什麼絕對的對錯，以圖 3 的台光電為例，
本益比的相對低點約落在 8.8 倍。而在過去的時間中，僅

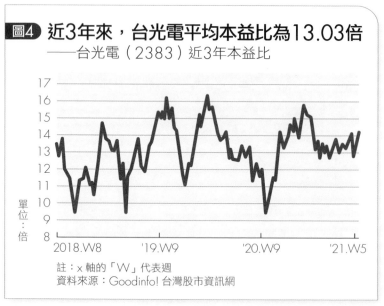

——台光電（2383）近3年本益比

單位：倍

17
16
15
14
13
12
11
10
9
8

2018.W8　　　'19.W9　　　'20.W9　　　'21.W5

註：x 軸的「W」代表週
資料來源：Goodinfo! 台灣股市資訊網

2015 年 11 月、2018 年 5 月、2018 年 10 月、2020 年 3 月出現過本益比在 8.8 倍的情況，且每次間隔的時間極長，需要耐心等候。

至於日後會不會再出現相對低點的本益比，抑或是日後本益比逐漸墊高再也不會出現類似數值都是未知數，這是堅持在低點才要進場的投資人要先有的心理認知。

至於取中間值的方式，可利用本益比河流圖判斷股價經常落在哪條本益比來取中間值，或是直接以近 3 年的本益比取平

延伸學習　以本益比法推估台光電的合理價

2020 年台光電的累計營收成長幅度 9.32%，2019 年的 EPS 為 10.14 元，且本益比近期平均為 13.03 倍。則預估 EPS 與合理估價試算如下：

①樂觀預估 2020 年 EPS
＝ 2019 年 EPS×（1 + 2020 年營收成長率）
＝ 10.14 元 ×（1+9.32%）= 11.08 元

②合理估價＝預期本益比 × 預期 EPS
＝ 13.03 倍 ×11.08 元 = 144.37 元

均值（以台光電來看，平均本益比約為 13.03 倍，詳見圖 4）來計算也可以（在 5-2 會有詳細計算說明）。

2.預期EPS的推估方式

　預期 EPS 的推估方式可分為兩種：①用市場預估數字來推估；②用去年 EPS 乘上今年度營收增幅推估（詳見延伸學習）。但後者僅限於本業收入比率高於 80%，且營業毛利率及營業利益率都穩定的公司。因為在沒有業外損益的干擾下，這類公司的獲利成長幅度跟營收成長幅度的差異不大。

　實務上，投資人除了可用券商提供的數字來推估預期 EPS 外，也可以自己估算，不用等到象徵公司成績單的財務報表公布日。因為季報及半年報並非季底統計完結帳就公布，還要經

過會計師查核、簽證及溝通，所以會在季底後 1 個半月公布，金控業則是要等 2 個月才公布！

由表 1 得知，從第 3 季季報到年報這段期間，相當於有 4 個半月的財報空窗期，這時間點是觀望隔年展望的時刻，也可能是公司開始畫大餅的時刻，因此股價很容易偏離合理價值。但還好公司的營業收入是隔月 10 日前就會公布，這段期間內若能依據現有的營收數據，推估年報數據，投資上自然能更早做出正確的決策，或是更加地高枕無憂。

例如，從表 1 來看可以發現，年報與第 3 季季報的資訊時間差達 4 個半月，但若可以在隔年 1 月 10 日前營收公布後就推估去年第 4 季及去年全年度獲利，那麼等於比市場提前 2 個半月掌握到資訊，可以提早布局。同樣地，當 3 月底確認年報後不久，用 4 月所公布的第 1 季營收，就能先計算出今年第 1 季獲利及當年度的展望是否如先前公司所預測的那麼樂觀。

不過要注意的是，如果希望領先估算的數值和實際情況誤差不大時，必須是選擇「本業比重高、營業利益率穩定或是緩慢增長的公司」，才有較大的參考價值。因為每個月發布的營收都是以本業為主，損益表中的諸多比例又都以營收為分母基礎，所以本業比重愈高、營運相對穩定的公司，預估準度也就愈高。

表1 利用每月營收縮短季報公布的時間差
——財報公布時程表

季報公布時間		與前一季的時間差	利用每月營收縮短的時間差
Q1	05.15	1.5個月	N/A
Q2	08.14	3.0個月	07.10公布6月營收時，推估Q2與上半年度獲利，就能比市場提早1個月
Q3	11.14	3.0個月	10.10公布9月營收時，推估Q3及前3季獲利，就能比市場提早1個月
Q4＋年報	隔年03.31	4.5個月	01.10公布12月營收時，推估Q4及全年獲利，就能比市場提早2個半月

註：此為一般產業季報公布時間；金控業公布時間分別為05.30、08.31、11.29、03.31；銀行／票券／保險／證券業公布時間分別為05.15、08.31、11.14、03.31

　　以烘焙原料大廠德麥（1264）為例，2019年4月10日公布2019年3月營收後，就能推估出2019年第1季總營收為9億4,452萬9,000元，再乘上2018年度稅後淨利率11.3%，就能推估2019年第1季稅後淨利為1億673萬2,000元，再除以總股數3,369萬5,970股，就能推估出2019年第1季的EPS約為3.17元（詳見表2）。

　　但在計算時要留意，推估出來的單季獲利不是跟前一季相比，考慮淡旺季的因素下，要跟前一年同期比較。因此預估的2019年第1季EPS再與2018年第1季的2.85元相較，

表2 利用第1季營收，在財報公布前推估EPS
——德麥（1264）2019年第1季營收

項目	實際數
2019年1月合併營收（千元）	439,259
2019年2月合併營收（千元）	187,855
2019年3月合併營收（千元）	317,415
2019年第1季合併營收（千元）	944,529
稅後淨利率（％，2018年底）	11.3
推估第1季淨利（千元，預估值）	106,732
德麥股數（千股）	33,695.97
2019年第1季 EPS（元，預估值）	3.17
2018年第1季 EPS（元）	2.85
同期年成長率（％，預估值）	11.2

註：2019 年第 1 季財報公布後，實際 EPS 為 3.2 元，與預估值相差不到 2%

推估按年成長了 11.2%，預期公司在 5 月 15 日前公布的第 1 季財報將屬於利多消息，股價有提升的空間。

若採取不定期買進存股，就可以在此時先用便宜價格買進部位，不用等到財報公布後再來買昂貴價格。而且，事後對照德麥 2019 年第 1 季季報發現，預估數與實際淨利數據只相差 2% 不到（預估 EPS 為 3.17 元，財報實際公布的 EPS 為 3.2 元），這是因為德麥屬於「老實人」，才能夠推估出這麼小的

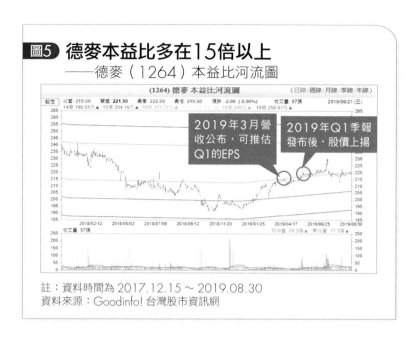

圖5 德麥本益比多在15倍以上
——德麥（1264）本益比河流圖

2019年3月營收公布，可推估Q1的EPS

2019年Q1季報發布後，股價上揚

註：資料時間為 2017.12.15 ～ 2019.08.30
資料來源：Goodinfo! 台灣股市資訊網

誤差。

當能預估出單季 EPS 後，再加上前 3 季的 EPS，乘上預期本益比，所算出來的合理股價也就更接近真實價值。例如德麥 2018 年第 2 季至 2019 年第 1 季預估 EPS 加總為 13.58 元（＝3.47 元＋3.67 元＋3.27 元＋3.17 元），假設本益比取相對低的 15 倍（詳見圖 5），可計算出相對低點的價位為 203.7 元（＝13.58 元 ×15 倍）附近。

若有些公司營運狀況波動狀況大，或是不老實，推估出來差

異就會很大,所以當投資人需要花時間推估 EPS 時,就要盡量花在這種老實公司身上。

方法4》每股現金價值

推算合理估價的第 4 種方法為「每股現金價值」,其計算公式為:

> **每股現金價值＝(帳面現金－負債總額)÷ 總股本**

當企業經營落入 ROE 低於 8%,甚至低於 5% 的時候,表示企業沒有賺進足夠的獲利,難以有超額的評價出現,唯一能表彰企業價值的僅有「淨現金部位」。這是因為企業如果發生清算事件,存貨、固定資產會大打折扣,投資人有機會可以拿回現金扣除負債後剩餘部位,這便是股東最能肯定拿回的清算資金。

而一旦股價跌破每股淨現金價值,就代表市場已經低估此現金部位價值,這時候投資就較為有利,但這種並非存股族會選擇的公司。想要撿拾有大量現金部位但即將被清算的企業,才可以考慮此法。

以沖壓件廠鉅祥(2476)為例,2020 年第 3 季現金及約當現金為 32 億 8,381 萬 9,000 元,總負債為 28 億 9,816

萬 5,000 元，總股本為 1 億 8,496 萬 8,300 股，計算出的每股現金價值為 2.1 元（＝（32 億 8,381 萬 9,000 元 － 28 億 9,816 萬 5,000 元）÷1 億 8,496 萬 8,300 股）。

由於目前（2021 年 2 月 9 日）鉅祥股價超過 20 元，而且連續配發現金股利超過 20 年，因此使用殖利率法來估算合理價值比較合理，除非現在公司要清算，股價跌到 2.1 元以下，那麼這個金額才有意義。

另外，市場上有些投資人會考慮用「股價淨值比」來作為股價是否超跌的依據。其算法為股價除以每股淨值，其中每股淨值是資產扣掉負債後的剩餘價值，其實也就是每股股東權益。

很多人會覺得，當股價低於每股淨值時，代表買進後有機會獲得超額利潤，但就事實而言，這樣的公司，大多都已經是虧損累累或前景展望不佳。當企業本身無法創造實質獲利時，股價也難有高於每股淨值的一天，這時候其實只有現金及土地價值才有真正換現的功能。因此，與其利用股價淨值比來衡量，倒不如計算每股現金價值。

因此，我們很少會提及股價淨值比率。除非是該公司 ROE 每年都大於 8%，股價淨值比卻還是小於 1 時，才代表這家公司有可能因市場效率不彰而被低估，股價真的很便宜。但這種機會不多，在景氣不佳、各國央行採緊縮政策時較容易看見。

減少誤判可能性，用安全邊際多加一層保險

實務上，除了用上述 4 個方法估出合理價位外，有時會再加入一定比例的「安全係數」作為買進的基礎。

所謂的安全係數又稱為「安全邊際」，也就是為了減少誤判的可能性多加一個保險，在工程上常使用。舉例來說，假設有一組鋼條可以承重 100 公斤，在販售時通常會以 80 公斤作為最大的標示規格，80 公斤～ 100 公斤之間的差距就是所謂的安全邊際。

為什麼工程上經常會有安全邊際存在呢？這是因為每個產品本身都存在大小不一的差異，一旦產品出現問題時，解決紛爭與維修需耗費大量心力，但若能把高規的產品在標示時降低數字，就可以避免銷售後出現問題的機會。

將這個道理套用到投資上也是一樣的，投資可能做的誤判也很多，「看走眼」這種事情時常發生，即使是掌握豐富資訊的經營者，也無法避開判斷錯誤的情況。因此，若是以提高獲利、降低虧損機率的角度來看，算出一個合理價位後，再加入安全邊際會是一個有效的做法。

例如，我們可以在計算合理價值時，加上 10%～ 20%的緩衝空間。以前述德麥為案例，基礎的估價為 203.7

元，加上安全邊際後則是 162.96 元（＝ 203.7×（1 －
20%）），若能在該價位出現時買進，投資犯錯的機率將可
大幅度的縮小。畢竟「好股票，買貴了一樣賺不了錢」，只有
用便宜的價格買進好公司，才是穩健投資的核心。

　　但另一方面來講，若是一開始就已經採保守的估價模型來計
算，再加上安全邊際後，有可能出現估價數字在實際交易市場
中幾乎不曾出現過的狀況，所以是否要再加上安全邊際作為緩
衝，投資人應按照估價時的心態來決定。

3-4 買進後用6指標定期檢視 有效控制投資風險

　　組好「存股不敗戰隊」也買在好價位之後，不代表從此就可以高枕無憂，畢竟投資市場的起伏就像大海一漾，有時風平浪靜、有時又波濤洶湧。儘管能被納入隊員的股票，我們也會想要倚靠它到白頭偕老，奈何一路上總是會有許多考驗。萬一隊員變老或是變壞了，整個戰隊的勝率也會被拖累，要如何辨識隊員已經不適任，自然也是存股重要功法。

　　在電影《復仇者聯盟》終章裡，薩諾斯手套需要聚集 6 顆寶石，才會發揮強大的力量。存股標的是否還安全適任，也有 6 顆寶石須具備，分別是跟財務品質相關的 3 顆寶石——股東權益報酬率（ROE）、營業利益率及營業活動現金，以及跟市場面相關的股票估價還沒有超漲，與個人信心層面有關的能否安心抱股睡覺，不會整天疑神疑鬼盯著股價看，最後則是公司體質必須要健全（詳見圖 1）。

　　德國證券教父科斯托蘭尼（André Kostolany）曾說：「股價是狗，而財報是牽狗的主人，無論狗跑得多快多遠，最終仍

圖1 可透過4大面向評估存股風險
——存股風險6指標

財務品質	1.ROE > 10%或12% 2.營業利益率 > 0% 3.營業活動現金流量 > 0
市場面	4.估價沒有超漲
持股信心	5.能否安心抱股睡覺
公司體質健全	6.無負面消息（蟑螂）

要回到主人的身邊。」這表示股價最終還是會反映企業財務數據的結果，有好的財務數據便會有優異的股價表現，個股炒作僅是一時的。

那究竟出現什麼狀況才是變質呢？有人會問，是不是要把市面上所有的財務指標都拿出來一一檢查確認呢？

其實不用，我們所學的這套存股法其實很簡單，只需要回頭檢視之前選股用過的指標，也就是隊員的賺錢能力，是否還是如選股前一樣就可以了。

我們只需要檢視下面 6 項存股風險指標即可，分述如下：

存股風險指標1》ROE＞10%或12%

存股風險指標第 1 項是股東權益報酬率（ROE）。基本上，在我們用過的所有指標裡面，最重要的，自然就是股神巴菲特（Warren Buffett）最愛的 ROE。因為什麼指標變差都可能是一時的，但 ROE 變差可能就難以挽回了。

前面幾章有提到，選股時的 ROE 至少要大於 8%，這其實是最低標準。當企業規模愈大、資本運用的效率會隨之下降，因此就大企業（例如規模在 50 億元以上）來說， ROE 大於10% 以上較佳。至於市場規模在 50 億元以下的中小企業，投資人期待它們資金運用靈活，能依據產業變化快速做出調整，因此 ROE 最好可以大於 12%（詳見表 1）。這也是因為中小企業的營運風險較高，既然要承擔比較高的風險，自然得要求比投資大企業更高的報酬率。

將公司依規模大小進行分類以後，接下來就可以依據最新的ROE 數據，來判定個股是否有變質的傾向。以大型企業來看，年報中 ROE 的數值節節下降，就是公司運用金錢能力變差的警訊，低於 10% 時可視為體質轉差，低於 8% 時更毋庸置疑應立即賣出個股。中小型企業的 ROE 若從原本高過 12% 轉變為低於 12% 時，也最好要審慎評估準備脫手。

例如經營北區有線電視業務的大豐電（6184），原本具有

——企業規模與ROE篩選標準

項目	市值規模	ROE門檻
中小企業	＜50億元	＞12%
大型企業	＞50億元	＞10%

法規的保障。可是法規放寬新業者加入及有線電視業者可跨區經營後，大豐電的護城河消失，ROE從2012年的14.32%一路跌到2015年的5.49%，不只跌破12%標準，還跌破8%的選股門檻。若投資人在2015年這時候直接處分持股，就可以避開隔年ROE轉負數後股價的大跌了（詳見圖2）。

也許有人會想到，ROE下跌之後，難道就沒有再逆轉的可能性？要提醒大家，企業經營就很像是在殘酷舞台上爭奪名次的過程，這次輸了要再付出極大的努力，才有一次逆轉勝的機會。企業的財務狀況有其趨勢性與產業特性，一旦趨勢的方向改變，暫時是無法轉向的，所以當重要的財務數據低於所設定的數值時，要再返回現況並不是一件容易的事情。

不過這邊有個東西要額外提醒，若是ROE的持續下降並非是企業的競爭力下降所造成，而是受到外部因素（例如總體經濟、整體產業等）影響時，投資人就必須要緊盯產業的動態消

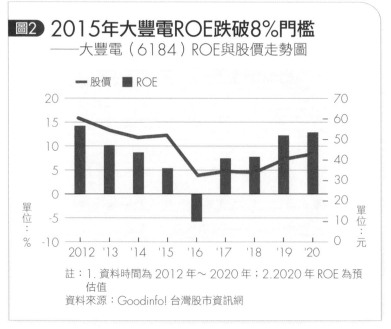

圖2 2015年大豐電ROE跌破8%門檻
——大豐電（6184）ROE與股價走勢圖

註：1. 資料時間為 2012 年～ 2020 年；2.2020 年 ROE 為預
　　估值
資料來源：Goodinfo! 台灣股市資訊網

息來判斷是否為短期現象。外部干擾所造成的下降會隨著干擾
消失而恢復原本動能，但若是企業競爭力下降，短期就不易再
回復，甚至從此失去往日榮光。

　　我們用知名案例宏達電（2498）來舉例，大家應該就很有
感覺。原本宏達電推出的 HTC 也是智慧型手機前幾大的知名
品牌，2011 年時，股價也曾經突破千元。但是若把宏達電
2009 年至 2014 年的財報攤開，就會發現其 ROE 增加的趨
勢在 2011 年度達到最高峰的 60.5%。隨後因企業誤判情勢，

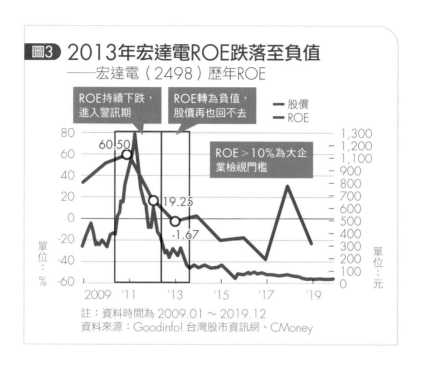

圖3 2013年宏達電ROE跌落至負值
——宏達電（2498）歷年ROE

ROE持續下跌，進入警訊期

ROE轉為負值，股價再也回不去

— 股價
— ROE

60.50

ROE＞10%為大企業檢視門檻

19.25

-1.67

單位：％

單位：元

2009　'11　　'13　　'15　　'17　　'19

註：資料時間為 2009.01～2019.12
資料來源：Goodinfo! 台灣股市資訊網、CMoney

無法跟隨市場潮流推出適合的機種，加上中國高規低價的手機壓境，高高在上的 ROE 快速滑落。2013 年 ROE 不只低於10%，且轉虧損，後續也都是虧損累累（詳見圖3），即使有新機種也無法跟上前幾名的步伐，過往的榮景已難以再現。

至於宏達電的股價在 2011 年還沒過完時，就已經從最高點 1,300 元（2011 年 4 月 29 日最高價）殞落，最先跑掉的多半都是知道榮景不再的「smart money」以及研究深入的法人機構。

就算投資人沒有在股價剛下跌時跑掉，當宏達電 2011 年第 4 季營業收入衰退時，就已是大警鐘。即使等到 2013 年 4 月底前確定 2012 年年報，知道 ROE 大降至 20% 要說分手時，股價也還有 300 元左右。但若還持續堅持，直到隔年轉虧損時，就再也回不來了，這筆投資已經藥石罔效。

就我的觀察，在股票市場中有 3 種人：一種是先知先覺，一種是後知後覺，一種則是不知不覺。以宏達電為例，發現 ROE 從高點腰斬一半時便處置個股，算得上是先知先覺的投資人；等到 ROE 不到 10% 這種很基本要求時才賣出的話，算是後知後覺；至於那些持有虧損部位，期待有一天可以反彈獲利的，則算是不知不覺，甚至於可稱為沒有知覺。

先知先覺的投資人，在發現宏達電的 ROE 從 60.5% 的高點快速滑落到 19.25% 時，便應有所警覺，並收集其他資訊決定是否出清個股。但當最終賣出警訊出現時若還不跑，下場將比想像還糟。因此 ROE 是絕對不能大幅變壞的指標，其他檢驗標準可能都還有轉圜餘地。

基本上，在投資市場中要能成為先知先覺的人，需要經驗的累積與對市場的敏感度。身為存股族就是沒有這麼多市場經驗，但我們有的就是真心不騙的財務數據。在了解重要的財務指標後，至少都可以後知後覺，不再讓自己不知不覺、對投資及對自己失望。

存股風險指標2》營業利益率＞0%

第 2 項存股風險指標是營業利益率。由於最初挑選的是本業收入比率高的公司，一旦營業利益率呈現節節衰退，獲利自然也會首當其衝受到影響，進而影響到本益比評價。除非股價直接倒退，否則公司獲利不佳也會拖累現金股利以及殖利率的表現。

因此，營業利益率最好每季都要觀察，跟前幾季比較、跟年度累計數相較、跟上一年同期相較，如果都是衰退的，那麼就要放一個心眼多留意。若營業利益率連續 2 季都是衰退的，表示危機已經四伏，若連 ROE 也都變差，這時候先換隊員會是比較安全的。

存股風險指標3》營業活動現金流量＞0

存股風險指標第 3 項是營業活動現金流量。無論是在挑選或是觀察股票時，都是以該指標是否仍大於 0 為標準。如果營業沒有帶來真正的現金流入，那麼公司想要發現金股利也就有相當高的難度了。

不過，這個因素在公司品質變差初期還不會顯露，主要是跟其他兩個財務指標做搭配。如果 ROE 變差，連同營業利益率衰退及營業活動現金流量小於 0，那麼就可以馬上和這一檔個

股説再見了。

存股風險指標4》估價沒有超漲變貴

存股風險指標第 4 項是估價沒有超漲變貴。估價沒有超漲變貴跟 ROE 一樣重要，這兩點是絕對不能輕忽的。每家公司都有其財務體質所賦予的真實價值，也就是底價。當公司價值在成長時，市場也會給予適當的溢價，但是當股價已經超出合理溢價太多，營收數據卻沒有跟上，也沒有做資本支出擴張的打算時，股價最後仍然會反轉，無法持續太久。這時候如果 ROE 又沒跟上，股價會跌得更凶。

巴菲特曾經説過，投資第 1 條準則是保證本金安全，不要虧錢；第 2 條準則則是記得第 1 條。因此當估價超漲太多時，若沒有掌握好企業成長步伐及產業循環，也會是投資風險，就像之前所舉的宏達電案例。

至於估價是否超漲，定存股和存股的判斷方式略有區別，茲分述如下：

1.用「股利殖利率區間」判斷定存股是否超漲

以定存股來説，想要判斷估價是否超漲，可以用股利殖利率區間計算。最簡單的方法是用「6% 殖利率」以及「目前與未來的現金股利」來估算買進價（便宜價），另外再用 3% 估算

例如，A 公司配發股利 2 元，則 A 股票的昂貴價與便宜價分別為多少？

1. 昂貴價＝現金股利 ÷ 殖利率區間下緣
　　　＝ 2 元 ÷3% ＝ 66.7 元

2. 便宜價＝現金股利 ÷ 殖利率區間上緣
　　　＝ 2 元 ÷6% ＝ 33.3 元

假設 A 公司目前股價為 45 元，股利殖利率為 4.4%。由於 45 元介於 33.3 元和 66.7 元之間，顯示 A 公司的股價位在合理的區間中，沒有估值過高的風險。

上述的數值應以每檔個股實際的狀況而定。倘若 A 公司採用殖利率法的便宜價，經判斷採用 5% 殖利率估算，則昂貴價的殖利率則應設定為 2.5% 來作為股價是否超漲的觀察。

賣出價（昂貴價，詳見延伸學習）。

　股價碰到便宜價（殖利率區間下緣）時即使又往下跌，市場力量也會知道股價過度便宜，因而進場將股票買回來，股價就會回升到便宜價之上；一旦碰到昂貴價（殖利率區間上緣）則有很大的機率會掉下來，因為很多「smart money」非常會計算股價，而且要提高資金使用效率，就是要把估值過高的股票賣掉、再買入估值已過低的企業。基於買進、賣出都要有好價位，那麼當定存股跌到殖利率 3% 以下可考慮賣出，投資更有效率的標的（註 1）。

以台灣最大油脂廠大統益（1232）為例，近8年來（2012年～2020年）的平均現金股利殖利率區間在3.5%～7%之間（詳見圖4）。2014年年初隨著股價高漲一度就穿破3.5%殖利率，但連2年隨著現金股利的節節提高，反而是殖利率又到了7%。

　　2016年之後，大統益因為現金股利發放金額沒變，股價就再次慢慢跟上，平均現金股利殖利率又開始降低。若現金股利殖利率低於3%時，也就是150元（＝5元÷3%）時，股價就有估值過高的風險，那麼存股風險就相對提高。

　　但目前評估大統益的EPS還是按年成長，ROE大於25%而且連2年成長，營業利益率在2018年～2020年穩定成長，可判定沒有財報風險。若2021年股利有所提高，那麼這個估價過高的風險就又會降低了。

　　又例如國民存股天王中華電（2412），雖然近幾年全球經濟在諸多不穩定中，使得投資人更加熱愛這種有帶點官股色彩的穩定配息股。不過，其實中華電近4年（2017年～2020年）的現金股利和平均現金股利殖利率都逐年降低

註1：若設定殖利率6%買進時，則賣出殖利率可設為3%；若設定殖利率為4%買進時，則賣出殖利率可設為2%；以此類推。每檔個股均有所差異，投資人需自行推斷。

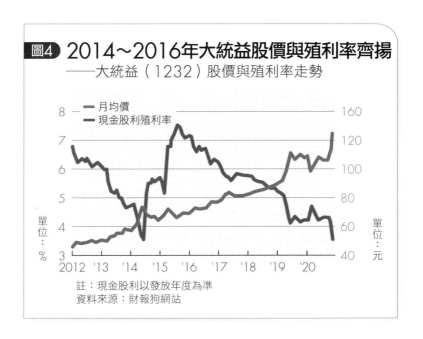

圖4 2014～2016年大統益股價與殖利率齊揚

——大統益（1232）股價與殖利率走勢

單位：%

單位：元

— 月均價
— 現金股利殖利率

2012 '13 '14 '15 '16 '17 '18 '19 '20

註：現金股利以發放年度為準
資料來源：財報狗網站

（現金股利從 4.94 元來到 4.23 元、平均現金股利殖利率從
5.37% 來到 3.88%，詳見圖 5）。

　　若將之納入存股組合，成長性較不理想，殖利率也因現金股
利下滑而表現不如以往。這是投資人要思考的地方。

2.用「本益比河流圖」判斷存股是否超漲

　　對於成長型的存股來說，其判斷估價是否超漲的方式，可多
用每季的本益比河流圖觀察。若是公司現有股價已經高於歷來
高價位本益比太多，那麼也要考慮是否股價一飛沖天而一下到

頂的風險。

例如台積電（2330）是 2020 年屢創高價的案例，但基於台積電是台灣目前最高市值的公司，加上這跟整體市場評價提高有關，在沒有看到台積電財務面變差之前，投資人也還不需要輕舉妄動。

存股風險指標5》能否安心抱股睡覺

存股風險指標第 5 項是能否安心抱股睡覺。白話來說，就是當你買了這家公司的股票以後，晚上會不會睡不著。若躺在枕頭上就會想到某檔股票，多半代表持股部位太多，或是買了但沒有信心，才會在睡前就想到它。

其實我們用先前指標篩選出來的公司，基本面多半不會太差，不至於讓人睡不安穩。這在平時沒什麼感覺，但若是發生股災或是國際重大事件，市場劇烈動盪下就會非常有感。

例如當大盤一天跌個 5%、6% 時，加上恐慌性賣壓，大家人踩人搶著快點閃人，即使是存股族也會心慌慌。尤其是持股部位獲利不多的，一跌下來可能所剩無幾，這時候任誰都會開始自我懷疑，睡不好覺。

但請各位投資人冷靜下來，回想 2003 年 SARS、2008

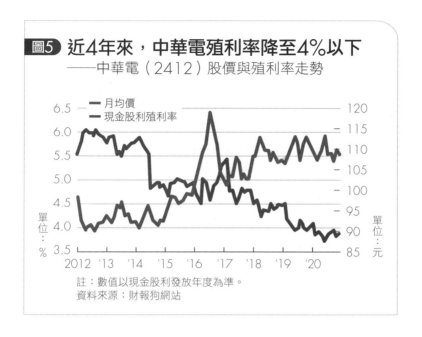

圖5 近4年來，中華電殖利率降至4%以下
——中華電（2412）股價與殖利率走勢

月均價
現金股利殖利率

單位：%

單位：元

2012 '13 '14 '15 '16 '17 '18 '19 '20

註：數值以現金股利發放年度為準。
資料來源：財報狗網站

年金融風暴、2009 年歐債危機、2011 年日本 311 核災事件、2020 年英國脫歐危機，還有 2020 年第 1 季的新冠肺炎（COVID-19）股災等，幾乎都是核災等級的危機，每次的不確定性與災難損傷都讓股市大幅重挫，但想想當時的心情與事後看法，是否又很不一樣？

　　在事件發生當下，危機及市場恐慌來襲，想的是否都是，「快逃？」但後來大盤跟個股股價回穩之後，是否又覺得，「當初應該趁大跌多買一點，好公司股價難得跌那麼低，如果有買現在就賺翻了。」

回想每次台積電、兆豐金（2886）、中信金（2891）、廣達（2382）、華碩（2357）等業界龍頭企業每一次遇到國際利空後，是否導致財務指標向下反轉？每一次我們都以為會，但事實上這些公司體質都沒有變壞。以華碩為例，日本311大地震時出現缺料問題，股價也往下跌。結果半年就解決了缺料問題，股價便站回受災前價位，隔一年還創下波段新高點，1年多來的波段漲幅高達76%（詳見圖6）。

以歷史為鏡，我們其實一再地驗證了股市每次受到打擊後都能重新站起來，而且體質比以前更好。正如金融股在經過金融重整、打銷呆帳後，現在的呆帳覆蓋率極高，放貸品質也比較好。歷史會一再重演，不管現在或以後都不會例外。

因此，如果睡不好是因為持股部位太高，那麼該做調整的就動手調整；如果沒有信心，不如降低部位或直接換標的。但如果是因為這種股災危機造成的，反倒該有勇氣在群眾恐慌時下去撿便宜，畢竟真正影響股價的仍是財務體質。真正好的公司想買到便宜價，就看這時候了。至於怎麼確定跌下來還是好公司？請再複習前面章節，對照重點財務數據！

存股風險指標6》無負面消息（蟑螂）

最後，存股風險指標第6項是確認負面消息（蟑螂）沒有跑出來，也就是檢驗企業遇到重大利空時，是否有隱而未彰的

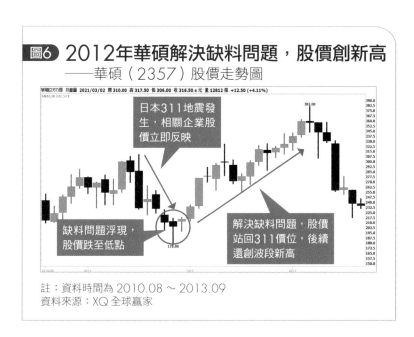

圖6 2012年華碩解決缺料問題，股價創新高
——華碩（2357）股價走勢圖

華碩(2357)月線圖 2021/03/02 開 310.00 高 317.50 低 306.00 收 316.50 s 元 量 12812 張 +12.50 (+4.11%)
SMA120 141.51↑

日本311地震發生，相關企業股價立即反映

382.00

缺料問題浮現，股價跌至低點

178.00

解決缺料問題，股價站回311價位，後續還創波段新高

註：資料時間為 2010.08 ～ 2013.09
資料來源：XQ 全球贏家

負面消息。我們之所以會將負面消息稱為「蟑螂」，就是因為通常看到1隻蟑螂，代表還有一窩蟑螂藏著沒有被發現。

　　最好的案例就是當華映出事（註2）時，同為大同集團的母公司大同（2371）、尚志半導體和綠能也都接連出事情。目前除了大同仍在集中市場上交易以外，其他3家都已面臨下市的命運。

註2：華映受轉投資的中國華映科技所拖累，引爆債務危機，使其 2018 年
　　度財報淨值為負數，之後被主管機關勒令於 2019 年 5 月 13 日下市。

表2 倒帳風波爆發時，力成仍有99億元的現金
──2011年Q3力成（6239）資產簡易表

項目	數值
現金（億元）	99
流動資產（億元）	270
資產總額（億元）	668
負債總額（億元）	311
淨資產（股東權益，億元）	357
近1年盈餘（億元）	76
ROE（%）	25.8
淨值（元）	47

資料來源：凱基證券

那麼如果是企業被別人倒帳，或是被搶單，為了避免跌價風險需要先跑嗎？就我的觀察，企業被搶單其實還好，因為後面可能還有其他機會。但如果是遇到客戶倒閉，尤其是主要大客戶倒閉時，情況比較嚴重。若出現這類的利空情形，會有人加碼放出壞消息，此時要能分辨真蟑螂或假蟑螂，主要就是要確保其他 5 顆寶石都還在。

例如，2012 年日本記憶體晶片大廠爾必達（2013 年已被美光合併）因為財務重整，該付給銀行及供應商的錢都付不出來，而下游廠商力成（6239）估算被倒帳金額約 20 億元，

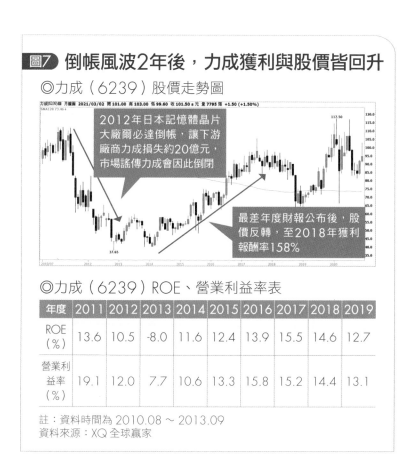

圖7 倒帳風波2年後，力成獲利與股價皆回升

◎力成（6239）股價走勢圖

> 2012年日本記憶體晶片大廠爾必達倒帳，讓下游廠商力成損失約20億元，市場謠傳力成會因此倒閉

> 最差年度財報公布後，股價反轉，至2018年獲利報酬率158%

◎力成（6239）ROE、營業利益率表

年度	2011	2012	2013	2014	2015	2016	2017	2018	2019
ROE（%）	13.6	10.5	-8.0	11.6	12.4	13.9	15.5	14.6	12.7
營業利益率（%）	19.1	12.0	7.7	10.6	13.3	15.8	15.2	14.4	13.1

註：資料時間為 2010.08 ～ 2013.09
資料來源：XQ 全球贏家

股價也因此跌到 30 幾元，許多投資人紛紛出逃。但我卻反而是在力成出現合理價位時進場，抱股直到 2018 年，獲利達到 158%。

為什麼我敢在力成出事時進場呢？這是因為那個時候，我評

估力成 2011 年第 4 季雖認列被倒帳金額 20 億元，但該筆金額僅占公司 2011 年第 3 季淨資產 357 億元的 5.6%，而且公司帳上現金高達 99 億元（詳見表 2），營業現金流、營業利益率也都還是正數。再者，力成原本是 1 年賺 6 元，評估客戶倒閉後變成 1 年賺 4 元，還是有不錯的賺錢能力。

因此，儘管力成的股價受此衝擊受傷，使得當年 EPS 降低，且少了一個大客戶。但考慮客戶可以重新再挖掘，加上力成原來的技術門檻也沒有消失，所以我才敢進場。事後來看，力成的營收在 2 年之後就回到原來水準，獲利也在 4 年後超越過往（詳見圖 7）。

以上，就是存股的 6 項風險評估指標。綜合評估下來其實可以發現，這 6 項存股風險指標裡面，最重中之重的是 ROE 沒有變差，再來是估價有沒有變貴，其他 4 項指標都是跟這 2 項指標搭配使用。也就是說，投資人只要掌握好這些關鍵以後，想要安心存股其實很簡單。

第 4 章

不敗操作術

(4-1) 釐清常見痛點與難題 不再煩惱存股時機

　　第 3 章我帶領大家學習如何計算合理股價，因為「好股票買貴了也是會虧錢」，買進價格是決定投資勝敗的重要關鍵之一。接下來，我將繼續帶領大家，了解什麼時候是存股的好時機。台股在 2020 年一路創新高後，還沒進場的存股者最為懊惱，因為怎麼買、怎麼算好像都很貴？但，真的是這樣嗎？

全球貨幣寬鬆、利率下調，資金匯入台股

　　回顧過去，台股在 1990 年創下 1 萬 2,682 點的高點之後，一直到 2017 年之前，指數萬點一直都是台股的天花板，10 年線則是台股難以跌破的鐵板。不過即使加權指數跌破 10 年線也不是世界末日，每次都成為奉行存股信仰的人大舉加碼的好時機。存股族在過去股災頻仍、高利率的年代下，也的確比較容易找到便宜的標的。

　　但隨著中美貿易戰爆發、英國脫歐、新冠肺炎（COVID-19）疫情在全球擴散等事件發生，以及全球奉行流動性寬鬆貨幣政

策等因素所影響，歐美大印鈔票成了趨勢，利率也在美國聯準會（Fed）控制下不斷下調，甚至來到 0 利率。此時股利殖利率還有 4% 的台股，就成了全球投資人眼中的香餑餑。在眾多資金湧入下，台股的天花板逐漸消失，加權指數在 2017 年站上 1 萬點以後，幾乎可說是一路向上、甚少回檔。

2018 年、2019 年，台灣加權指數在 1 萬點和 1 萬 1,000 點之間盤旋。2020 年，加權指數雖在 3 月時大跌，但僅 1 個月的時間就恢復漲勢，之後不只站穩 1 萬 2,000 點，更突破 1 萬 2,682 點的天塹，來到 1 萬 4,000 點。2021 年年初，加權指數仍舊維持向上趨勢，甚至還來到 1 萬 6,579 點（2021 年 2 月 22 日）的歷史新高點（詳見圖 1）！

台股如此快速的漲幅，好像要把過去 30 年區間盤整的委屈一次傾瀉而出，發揮出它的真正實力。但對於還沒有建立好部位的存股族來說，卻只能無奈地看著股市上漲，不知何時才是下手機會。

長期持續上漲標的，任何點位都是存股時機

但存股族是真的沒有進場機會嗎？事實上，過去 10 多年來，我最常被問到的問題就是「台股已經 XXXX 點了，這時候存股不會太貴嗎？」這裡的 XXXX 可以帶入 8,000、9,000、1 萬、1 萬 1,000、1 萬 2,000 等數字。雖然當下看，每次

圖1 **2021年初，台股來到歷史新高點**
——加權指數股價走勢圖

註：資料時間為 1987.01 ～ 2021.02
資料來源：XQ 全球贏家

都會覺得台股的點位已高，但事後回頭看卻發現，不管大盤幾點其實都是適合的存股時機，指數根本就是等著被突破的！

這些年來我也一直被問到，「元大台灣 50（0050）現在買會不會太貴？」0050 在突破 50 元、60 元、70 元、80 元、90 元時都有人這樣問。每次我都回答「不貴」，而且有很多歷史資料可以為證，包含節目錄影。但害怕的人就是害怕，還是一直問相同問題。

對於沒有入手的人來說，不論何時，永遠都嫌貴。只有開始

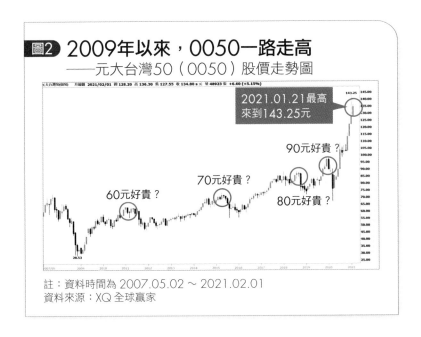

圖2 2009年以來，0050一路走高
——元大台灣50（0050）股價走勢圖

2021.01.21最高
來到143.25元

90元好貴？

70元好貴？

80元好貴？

60元好貴？

註：資料時間為 2007.05.02 ～ 2021.02.01
資料來源：XQ 全球贏家

買了、有成本價以後，才會知道現在的股價究竟是高還是低，才會知道什麼時候要加碼（詳見圖2）。

同樣的事情也發生在台積電（2330）身上，很久以前有學生問我，「70 元的台積電會不會太貴？」我說，「不會，而且即使台積電漲到 100 元、200 元，我也都說不貴，因為台積電的財務面完全跟得上股價的步伐。」

結果你看，現在台積電股價已經來到 679 元（2021 年 1 月 21 日最高價）。回頭看 70 元，是不是覺得很便宜呢？就

算你是用 200 元的價格買進,至少也賺了 2 倍多。

因此,我後來覺得,只要有很多人對某家體質好的公司帶著這樣的疑問,「現在進場買會不會太貴?」那麼不管當時股價在哪個點位,幾乎都可以確信:股價後續還有上漲空間。

直到沒有任何人懷疑,且全部都跳下去買這檔股票的時候,才代表股價將失去繼續上漲的力道。當市場上每個人都說這檔股票好,此時就真的要好好看一下,公司的財務數字以及估算合理股價是否超標太多。

台股總市值持續增加,自然有上漲空間

身為一個工程師,能對台股抱持著如此多頭心態,自然是有依據的。因為工程師主要是靠統計學及科學邏輯來判斷研究,並據以來做投資。也就是所做的每一步,都要知道背後的機率有多高,數據自然就是最好的憑藉。

把過去台股的數據攤開來看,會發現 2015 年~ 2019 年台股本益比在 12.74 倍~ 19.57 倍之間,大盤淨值比也僅 1.49 倍~ 1.8 倍,跟過往台股在高點的表現相比,數值其實不高(詳見表 1)。

直到 2020 年下半年,台股突破 1 萬 2,000 點後,本益比

表1 2019年以前，台股本益比皆低於20倍
——台股大盤基本面

年度	該年指數高點（點）	整體市值（兆元）	大盤本益比（倍）	大盤殖利率（％）	大盤淨值比（倍）
2015	10,014	25	13.46	4.60	1.49
2016	9,430	27	16.51	4.35	1.61
2017	10,882	32	15.66	3.95	1.76
2018	11,270	29	12.74	4.77	1.51
2019	12,125	36	19.57	3.82	1.80
2020	14,760	45	22.37	2.99	2.16

註：表格數字採四捨五入計算
資料來源：台灣證交所、XQ全球贏家

也沒有像 2000 年以前那樣的失控，才提高到 22 倍，還在歷來 15 ～ 25 倍的歷史本益比區間內（詳見圖 3）。而且當之後業績跟上時，本益比自然就會降低。不過，若 2021 年第 1 季獲利沒跟上（用技術分析術語來說就是「背離」），那麼即使新台幣強勢因此資金進來台灣投資，在數據不佳的情況下，也有可能會歷經修正，投資人須留意。

此外，就一般情況而言，公司若持續賺錢，只要不分割股權，那麼淨值就一定會隨著每年獲利增加。就台股來說，市值前 50 大公司賺了整個台股 7 成以上的獲利，但它們在分配盈餘時並沒有完全分配，因此公司淨值會增加，股價也自然會隨之

上漲。

　　除了這 50 檔權值股的貢獻外,台股上市櫃公司總家數及總獲利也是在持續增加。從總市值看最明顯,2000 年時台股總市值才 8 兆元,到 2020 年底已經到了 45 兆元,那麼加權指數自然有上漲空間。再加上台股現在是法人市場(註1),掌握大筆資金的外資,手中會有不少中長期部位,能適度穩定市場。不像早年,只要散戶一恐懼就亂賣股票釀成股災,風險也就減少了點。

　　而歷年來的台股報酬率數據亦可以佐證,做多比做空機會高。就過去資料來看,台股在 1989 年～2020 年這 32 年間,總共有 10 年是下跌,但其中有一半都是發生在 2000 年之前;也就是說,近 20 年的時間裡,台股只有 5 年是下跌的,上漲機率高達 75%。而且就算台股有一個年度下跌,隔年或是接下來的 2～3 年就會漲回來(詳見圖4)。因此,我們可以得出一個結論:若當年台股結算是走跌的,隔年開盤就會是買股票的好時機!

　　至於台股 1 萬 6,000 點還能存嗎?我的回答是,「當然可以!」只要台股還會繼續漲,那當然就不是問題。因為下次大家再問時,可能就是「1 萬 7,000 點能否存股?」幾年後再問就是,「2 萬點能不能存股?」你想想看,美國道瓊工業指數都可以從 2010 年 1 月 4 日的 1 萬 583 點,一路上漲到

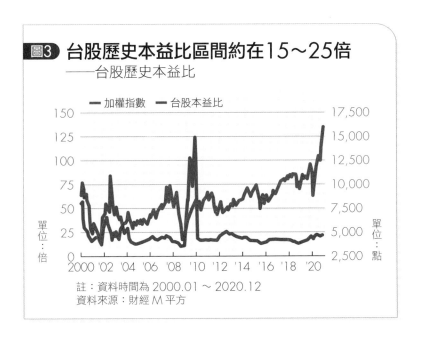

圖3 台股歷史本益比區間約在15～25倍
——台股歷史本益比

— 加權指數 — 台股本益比

單位：倍

單位：點

註：資料時間為 2000.01 ～ 2020.12
資料來源：財經 M 平方

2021 年 3 月 9 日的 3 萬 1,832 點。只要經濟持續發展，指數上漲的空間自然是極大的！

保留一些現金部位，股災時伺機進場加碼

基於對台股一直抱持著多頭看法，甚至長線上台股有站上 2 萬點、3 萬點的可能，那麼股災崩盤當然就是存股再好不過的

註 1：根據金管會統計資料顯示，截至 2021 年 1 月 29 日，外資持股總市值比重高達 44.61%。

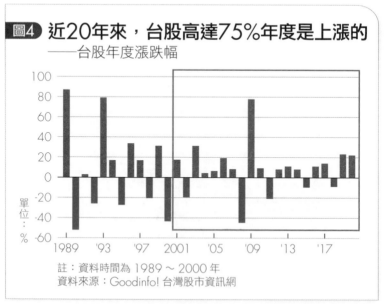

圖4 近20年來，台股高達75%年度是上漲的

──台股年度漲跌幅

單位：%

註：資料時間為 1989 ～ 2000 年
資料來源：Goodinfo! 台灣股市資訊網

時間點。而且，我們用財報數據所選出來的好股票，股價都會再回來，甚至創下新高點。所以千萬要記得，「好股票遇到崩盤是用來加碼的」，因此資產配置宜保留一些現金部位，等待這種時機「小跌小買、大跌大買」。

但若這種機會來了，你卻像大多數人一樣停損離場，等到股價漲回來時會很吐血。像美股連漲 10 年，每年也都有諸多股災預期報導：一種是今年會有股災；一種是漲太久會有股災。因為會看空的人的心態就是「總有一天等到你」，每一年都有專家預測會崩盤，2020 年也不例外。

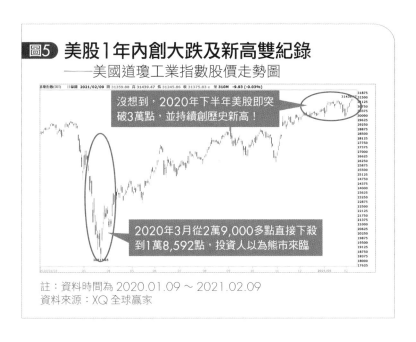

圖5 美股1年內創大跌及新高雙紀錄
——美國道瓊工業指數股價走勢圖

沒想到，2020年下半年美股即突破3萬點，並持續創歷史新高！

2020年3月從2萬9,000多點直接下殺到1萬8,592點，投資人以為熊市來臨

註：資料時間為 2020.01.09 ～ 2021.02.09
資料來源：XQ 全球贏家

　　就數據來看，2020 年 3 月受到新冠肺炎疫情爆發影響，美國道瓊工業指數的確瞬間暴跌，1 個月跌了 35% 以上，大家都以為牛市告終、熊市真來臨。結果疫情未消，但 2020 年底道瓊工業指數卻又創新高，來到 3 萬點之上（詳見圖 5）。因此，學會看懂上述我教大家的這些數據，發生股災時就不會被市場恐慌氣氛所圍。

　　雖然說，我認為隨時都可以進場存股，但在這邊我也要提醒大家，身處投資市場中，還是要隨時做好最壞的打算與準備，不要變成溫水煮青蛙，忘了危機。畢竟崩盤的時候所有的類股

都會下跌,線型會直線往下掉,需要有極強的心理素質才能扛得過。

所以不管何時,投資人都要居安思危。在大盤處於高點時,要做好資產配置及存股風險管理,例如降低持股水位,提高配息型商品或債券類等防禦性資產比重。如此才不會遇到一波大跌就把過去努力的獲利都變成泡影,甚至是反彈回來有一點獲利就想賣掉,結果後來漲更多,氣死自己。

指數處於高檔時,存股常見3大痛點

從大盤角度剖析完,知道長期投資台股可以保持樂觀後,接下來看看個股。事實上,指數上漲不代表每一檔股票都在漲,類股是輪漲的。而且指數漲到哪裡跟個股股價沒有絕對的關係,最重要的是買到對的股票以及公司的經營體質真的好。

只要搞清楚自己的投資目標,還是有好股票的股價正趴著等待讓你買!例如達興材料(5234)、勝一(1773)、中華食(4205)等公司都是過往的最佳實例,甚至是我自己在2020年初所看好的網購商機代表富邦媒(8454),也完全沒受到疫情影響,股價大漲1倍以上。

但大家最愛存的金融股跟績優股,卻讓人存股存到流淚,例如金管會主委2020年年初講了「台股到1萬1,000點以上

表2 存股族若無法獲利，多半肇因3問題
——存股痛點

痛點	問題核心
存一段時間終於小賺，但賣掉後股價飆漲	不知道手上標的目前的價位是合理還是貴
存股只有小賺，但感覺身邊做價差的賺翻	三心二意，投資沒有自己的中心思想
下跌時沒進場買，眼看周邊的人都大賺	不知道該買什麼，以及不知道合理股價區間在哪邊

當然要注意」，壽險股隨後就跌得唏哩嘩啦。2020 年下半年金融股也沒有像大盤一樣一飛沖天，導致有些人已經手癢想賣掉換飆股，但這樣操作是對的嗎？這時候就要先來剖析存股族心中最大的 3 個痛點（詳見表 2）：

痛點1》存一段時間終於小賺，但賣掉後股價飆漲

很多人在存股過程中賺錢都沒什麼感覺，可是只要中間回檔一下就會嚇得要死。例如本來未實現利益有 5 萬元，結果因為回檔，只能眼睜睜看著未實現利益慢慢下降，甚至帳上損益從正的變成負的。

此時，存股族往往會萬分後悔先前沒有賣掉、落袋為安，因此等到股價好不容易止跌，小漲了一段後就決定先出場獲利了結。其實很多時候，這種回檔就是再加碼的機會，可是沒有經

驗、沒有信心的存股族就是會被嚇死，不敢將資金投入。

之所以會如此，是因為很多人不知道標的物現在是便宜還是貴，加上市場炒作無法預期，所以不敢加碼。對此，我們只要透過前幾章教大家的評估方法來做判斷，只要公司體質符合我們的標準，就先抱著。這樣回檔才有機會買便宜貨，漲回來也不會輕易賣，自然賺更多。

痛點2》存股只有小賺，但感覺身邊做價差的賺翻

存股族最常碰到的情況是，自己手中的持股賺不多，但親戚朋友、隔壁同事等買到的飆股卻漲到嗨翻天，於是耐不住寂寞，想把存股賣掉轉飆股。

例如，2020 年、2021 年台股不斷創新高時，號稱最飆金融股的玉山金（2884）和號稱金融股殖利率王的元大期（6023）卻沒有跟上大盤腳步，反倒是聯發科（2454）、欣興（3037）股價一路飆漲（詳見圖6）。此時有些投資人就會想，「如果能把玉山金換成聯發科該有多好？」

若投資人忘記自己一開始設定的目標與個人投資屬性，例如說保守的人一開始想要穩穩收息，因為受周邊的人影響而頻繁轉換標的甚至買進高風險、高波動的題材股，不僅失去原本投資目的，也難以抱住持股，每天疑神疑鬼。而投資屬性積極的人，遇到市場風險改去買波動小的個股，結果溫吞的股價走勢

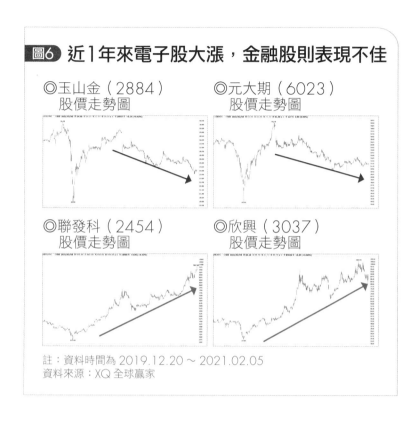

圖6 近1年來電子股大漲，金融股則表現不佳

◎玉山金（2884）
股價走勢圖

◎元大期（6023）
股價走勢圖

◎聯發科（2454）
股價走勢圖

◎欣興（3037）
股價走勢圖

註：資料時間為 2019.12.20～2021.02.05
資料來源：XQ 全球贏家

讓自己不耐煩，也間接讓資金卡在那邊。

市場中的標的物眾多，股性也大不相同，唯有投資適合自己的標的才能穩定獲取報酬。不用一天到晚羨慕 XXXX 股的漲幅有多驚人，這種消息每隔一段時間就有，每次的題材、類股都不一樣。不過常常是「說的人很多，『真正』賺到的人很少」，有更多的是一開始有賺到，但未急流勇退、入袋為安，最後反

而虧損作收,白忙一場。

所以在投資時有幾個要點:

1. 買適合自己屬性的標的物。

2. 要有自己的中心思想,想要收息為主的,就好好地針對收息這件事情來研究適合標的物;想要賺短線題材的,就好好的研究短線題材要注意的重點與轉折是什麼。想要兩邊兼顧,通常會落得兩頭空。

痛點3》下跌時沒進場買,眼看周邊的人都大賺

雖然說很多人都知道,股價下跌就是加碼或進場的好時機,但對於很多存股族來說,始終在場邊觀望,等到股價上漲以後,才眼紅周遭的人因為低檔加碼而賺翻。

這類人的核心問題就是怕貴不敢買、沒有看財報數據計算合理股價,或是一直沒有好好研究及下定決心要怎麼投資,這時坐而言不如起而行,應做到「手中有股票、心中才有價位」。

雖然說已經飆上去的股票,現在進場未必是好時機,但對於正受到打擊且整體停滯的產業,反倒有逢低布局的好機會。或者,有很多現在不漲的好公司其實是在醞釀,等到沒耐心的散戶走光,股價就準備上漲。因為股價若是狗、公司體質才是主人,不管落後或是跑太快的狗,最後終究會跟上主人的步伐。

圖7 2020年年初，金融股利空消息紛紛出籠
——金融利空新聞

news.cnyes.com › 台股 › 台股新聞 ▼
美降息台灣央行跟進機率高金融指數下殺逾3% | Anue鉅亨- 台...
2020年3月15日 — 聯準會(Fed) 一口氣降息4碼，台灣央行本週四降息機率高，恐牽動金融股買盤大挪移，法人估算，若確定降息，對兆豐金(2886-TW)、第一...

www.chinatimes.com › 工商時報 ▼
疫情攪局＋降息環境金融股今年獲利恐承壓- 財經要聞- 工商時報
2020年5月10日 — 新冠肺炎疫情、低利環境，衝擊金融業獲利。法人表示，在降息的環境中，加上金融環境震盪，金融股的獲利具有壓力，2020金融股獲利展望宜...

www.moneydj.com › KMDJ › News › NewsViewer ▼
Fed降息外資狂砍金融股(工商時報，無內文) - 新聞 - MoneyDJ ...
提供專業的金融網路資訊服務，幫您迅速掌握國內外即時財經新聞，除了有台股、美股、基金、港股、權證、ETF等投資專屬頻道，還有獨家專業的選股看盤商品，...

資料來源：網路新聞

　　例如金融股，雖然深受降息所害，在 2020 年初一堆利空消息紛紛出籠，使得投資人預計獲利大幅下降而大舉出脫金融股（詳見圖 7）。但其實不管什麼公司，都會有好幾個產品或賺錢方案，金融股也不是只有賺放款利差，還有理財服務、手續費等其他收入。而玉山金、第一金（2892）、中信金（2891）等金融股的體質及獲利也仍是相當好。因此，投資人可以利用前幾章的篩選方式挑出好公司，趁機逢低布局。

　　而就現實來看，很多時候，預估情況跟實際情況常常有很大的落差。例如在 2020 年年初時，市場普遍預期金融股獲

利大幅衰退甚至會虧損。但到了年底，15 家金控光 2020 年前 11 個月的累計獲利就已約 3,543 億元（詳見表 3），創下新高，且已經超過 2019 年全年的獲利紀錄（近 3,500 億元）。就此來判斷，只要後續無降息等其他利空消息出現，金融類股的股價回復往日水準是可以期待的事情。

若投資人無法下決定買哪些個股，ETF 則是很好的選擇，不管是囊括前 50 大藍籌股的 0050，還是追蹤 100 家中型市值企業的元大台灣中型 100（0051）都不錯，從這兩個指數中選股的成功機率也較高。尤其是被列入元大中型 100 的成分股，不但成為飆股的機率高，且公司幾乎都是名門正派，並非買不到、賣不掉、漲什麼也不知道的冷門小型股。

常見4大存股難題

看完存股族常遇到的 3 個痛點以後，最後我來教大家如何從常見的 4 大存股難題，來理解存股轉換或是停利、停損的時機點。

難題1》歷經長期存股卻慘賠，存愈多、賠愈多

有些存股族歷經長期存股卻慘賠，存愈多、賠愈多。會遇到這種情況，多半是沒有把握好 3-4 教的「6 項存股風險指標」。投資人要知道，體質好的公司頂多漲不動，有時候是好消息還沒出來，把沒耐心的散戶都先被洗光，但是不會讓你存愈多賠

表3 2020年前11個月，多家金控EPS＞1元

——15家金控獲利

代號	股名	2020年前11月累計	
		稅後純益（億元）	EPS（元）
2881	富邦金	803.76	7.57
2882	國泰金	722.30	5.13
2891	中信金	405.98	2.03
2885	元大金	228.51	1.88
2886	兆豐金	230.13	1.69
2888	新光金	174.47	1.36
2884	玉山金	168.14	1.34
2892	第一金	158.90	1.24
5880	合庫金	155.98	1.13
2887	台新金	139.30	1.13
2889	國票金	29.38	1.02
2890	永豐金	113.36	1.01
2883	開發金	114.09	0.78
5820	日盛金	26.44	0.70
2880	華南金	72.98	0.57
合計		3,543.72	N/A

資料來源：公開資訊觀測站、各金控公司

更多。會讓存股族慘賠的，一定是有隊員變成老鼠屎，但投資人沒有及早換掉。這時只要把這些公司的財務數字一一看過，揪出老鼠屎，重新換股就又是新的開始，之後都要遵循財務指標行動。

但投資人總是有個毛病，就是在帳面有獲利的時候要賣出停利很容易，當要停損賣出時，常會等等看再過幾天是不是有回本的機會。經常是等到最後讓虧損愈來愈大才決定斷捨離，但此時往往已經損失慘重，同時也錯失了早一點換股會帶來的獲利機會。

投資人千萬不要忘記，當企業的財務績效下降的同時，市場對該個股的評價也開始下降，過度的等待只是一廂情願，市場從來都不在乎投資人的想法。因此，當發現自己看錯標的時，不如直接承認自己的錯誤，把損失部位當作學費，不然還會一而再、再而三地重複這樣的習氣。要記住，投資是個需要高度紀律的活動，切莫讓無紀律的行為破壞了存股的長期績效。

難題2》波段操作的套牢股可轉成存股？

既然想要把某一檔股票拿來存，那麼就必須要符合 2-1 列出的條件，包括：ROE 大於 8%、近 5 ～ 10 年發得出現金股利、本業收入比率大於 80%、營業活動現金流量和自由現金流量都大於 0、營業利益率大於 0 等，且上述數字的表現都是具連續性的，並非僅是單一年度的表現，而公司最好是民生基礎相關或是已傳產化的電子股等。

想要波段操作的個股，常見是轉虧為盈或是遇到短線題材的個股。其財務體質的數據上本來就不是主要考量，連進場的價位都是以短線指標為主而非經財務估價而決定。因此，投資人

一開始買進的價位就不是所謂的財務面合理價，很多時候進場價位都已經離估價結果甚遠。在這種狀態之下，剛投入就買貴許多了，後續就算該公司的體質不錯，但一開始買太貴，而造成的大量虧損要藉由轉為存股來獲取投資報酬，也需要極長的時間來換取。

在實務經驗上來看，喜歡波段操作的人大多缺乏長期投資所需要的「耐心」（註2）。通常只是因為帳面虧損不想停損認賠，藉由「轉存股」的説法來安慰自己有朝一日仍可以獲利出場。但根本的問題是耐心是一種性格的表現，這種因為不想認賠而強迫自己變成「有耐心」的行為，最終仍需要面對苦果。不如一開始早早認清楚自己的投資偏好，在投資偏好的光譜中持續強化與累積經驗，才是更好的路徑。

難題3》存股解套時該賣還是買？

若是原本有獲利、受到股災衝擊下跌的公司，一旦解套時，體質好的公司要再看 EPS、毛利率、ROE 是否持續比前一個年度增加，若是的話，表示這檔個股還在起漲點不遠處，若現

註2：關於「耐心」、「長期」這件事情，很多人的見解也不太一樣。我曾遇到一個投資學員抱怨，他做長期投資不管怎麼買都是虧損，他打從心裡懷疑長期投資只是一場騙局。而檢查他的投資帳戶發現，他每檔股票的持有時間大多是 2 個月左右，最久的才半年，我説他這是短線波段操作，他説這已經是長期投資。理由是他之前做短線投資時持股 2 週就受不了了，超過 1 個月對他而言已經是長期投資。

在就賣掉,等看到大漲會後悔的。

但如果是公司體質沒變好,股價因此下跌套牢,後來純粹是因公司炒題材、主力炒股價等原因而解套。那麼,就應該趁著這些主力作手的幫忙,趁勢逐步出清,重新再做好資產配置。

難題4》存股不成變成波段投資,還是存股嗎?

誰告訴你存股買進後要跟它廝守一輩子?在遇到適當的機會時(例如股價超漲、有資金需求、更好的標的物等),皆會進行買進賣出的動作。事實上,所有的存股因為會進出的關係,也可視為是波段投資的一種。因為存股還是會換標的,只是換股平均時間比較長,讓人會誤以為要長相廝守,但其實這還是要看個人的目標,覺得夠了的時候也是要「分手」。

如果投資人還很年輕,需要快一點讓資金擴充,那麼存成長股是最有感的。存一段時間後發現更好的存股標的,或是對原來的持股沒有信心時,換股提高資金效率自然是必要的。

投資人要知道,存股可以説是一門終生事業,雖然過程可能會有一些坎坷,但經過我們對財務報表的學習後,就是可以自己跳過坑,或是減少走入荊棘叢中困住自己的機會。因此,不須因為1、2次小跌或是失敗就放棄存股,當實踐與理論合一,逐漸克服內心恐懼後,投資自然會愈來愈順手。

(4-2) 股市新手存ETF 徹底實現不看盤投資術

　　我們前面講了一些簡易的財報檢視法，但可能有些投資人還是覺得選股很困難，或是沒有想花時間定期監控自己的持股是否隨著時間及狀況做了改變，既然如此，ETF 正是最好的投資工具。另外，也有很多人選股半天，總報酬率卻比 ETF 差。既然這麼辛苦繞了一大圈比別人躺在那邊還遜色，那倒不如跟大家一起躺著數鈔票。

　　ETF 的英文原文為 Exchange Traded Fund，中文稱為「指數股票型基金」，是一種由投信公司發行，追蹤、模擬或複製標的指數之績效表現，而且是在證交所或是櫃買中心掛牌。也就是說，ETF 的本質是投信發行的基金，但並非由基金經理人主動操作，而是被動跟隨指數的成分股變化配置，在股市交易平台就可以即時買賣。

　　近幾年因為很多主動操作的共同基金績效追不上被動型的 ETF，再加上 ETF 的費用較低，以及投信公司配合需求，市場上新增了不少主題式 ETF。ETF 結合了基金可以定期定額、投

資一籃子股票的優點,以及可以在證券市場買賣的雙重優勢,因此成了投資人的心頭好。

我個人投資 ETF 的資歷也已經超過 10 年,因為 ETF 可以徹底實現「不看盤投資術」的真諦。只要國內經濟不會通縮,就可以長期看漲大盤。所以不管何時買或怎麼買,最後都可以獲利,這對存股族來說,自然就是資產配置的最佳明燈。而且 ETF 有多種特性,善用其性質就可以在不同的投資人手中搭配出全新花樣。

下面,我們先來介紹最受投資人歡迎的 2 檔 ETF——元大台灣 50(0050)和元大高股息(0056)。

0050》長期年報酬率8%起跳

0050 為國內最大的 ETF,其所追蹤的是台灣 50 指數,成分股為國內前 50 大市值公司。因為 0050 與大盤股價走勢連動性高,且其股價長期成長,所以只要牢牢抱住,幾乎就可以有年報酬率 8% 的績效。

0050 我從 40 元、50 元、80 元、90 元一路買上來,一直都有人嫌貴,但它的價格就是這樣一直往上漲。後來 2020 年 3 月中旬,0050 受到新冠肺炎(COVID-19)疫情影響大跌的時候,我發現此時景氣對策信號有出現《ETF 大贏家》

一書中所整理的時機點浮現的跡象，可以關注後續狀況。

我和周遭一些朋友分享這個觀點，可是很多人還是害怕，怕之後還會有更低點出現，真正有加碼的人寥寥無幾。於是他們又只能眼睜睜看我加碼部位賺錢，甚至討論出我能在那個時候勇敢加碼，是因為手中有低成本部位。

為了以身作則證明 0050 可以買進長抱這個理論，2020 年 7 月 10 日，我把手中原本累積持有的 0050 共 38 張全部賣出（包含 2020 年 3 月 20 日加碼的部位），並於 2020 年 7 月 16 日因應目前經濟局勢重新設定投入策略，並於每個月定期定量買進（每月初、月中各買進 1 張，但 8、9 月月中忘了下單）。

結果不到 1 年的時間，我的 0050 買進價從 2020 年 7 月 16 日的 96.15 元，一路漲到 2021 年 2 月 17 日的 140.55 元，漲了 46.18%。

就整體定期投入策略來看，自 2020 年 7 月 16 日至 2021 年 2 月 17 日為止，帳戶重新累積 0050 張數為 14 張（下單 17 次，有 3 次未成交），該投資部位漲幅為 22.97%（詳見延伸學習）。

若把時間拉長來看，計算 0050 從 2013 年 1 月 2 日收盤

延伸學習 持有0050約8個月，漲幅22.97%

2020 年 3 月，發現景氣對策燈號出現藍燈的可能性大增，有可能遇到《ETF 大贏家》裡提到的 Best phase 狀況。

之後，於 2020 年 7 月 10 日，為了向讀者證明 0050 買進可以長抱的理論，選擇將投資帳戶中 0050 部位全數清空。在當時高點價位 96.15 元（2020 年 7 月 16 日盤中點位）重新建立 0050 的投資部位。

2020 年 7 月 16 日重新開始，每個月月初、月中各買進 1 張 0050（8、9 月月中忘記下單）。至 2021 年 2 月 17 日止，共買了 14 張（下單 17 次，3 次未成交），投資部位漲幅為 22.97%。

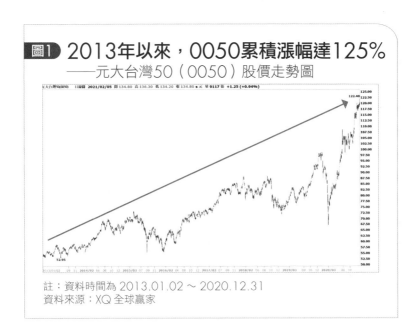

圖1 **2013年以來，0050累積漲幅達125%**
——元大台灣50（0050）股價走勢圖

註：資料時間為 2013.01.02 ～ 2020.12.31
資料來源：XQ 全球贏家

價 54.4 元，至 2020 年 12 月 31 日的 122.25 元，8 年漲
幅高達 125%（詳見圖 1），年複合報酬率超過 10.67%！
報酬率那麼好的 ETF，投資人所需做的只是持續買入及抱住。

0056》殖利率高且每年填息

　　除了 0050 之外，0056 也是高知名度的 ETF。其成分股是
從台灣 50 指數及中型 100 指數中的 150 檔公司中，挑選未
來 1 年預測現金股利殖利率最高的 30 檔股票作為成分股。
由於 0056 的成分股是經過挑選的，因此它與大盤的連動性

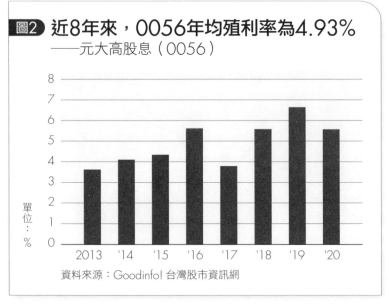

圖2 近8年來，0056年均殖利率為4.93%
——元大高股息（0056）

單位：%

資料來源：Goodinfo! 台灣股市資訊網

較低，成分股追蹤大盤權重僅 12%。

　　與 0050 相比，0056 因為是以高殖利率為標準進行篩選，故其現金股利殖利率可説是大勝 0050。就過去 8 年（2013 年至 2020 年）的數據來看，0056 的平均殖利率是 4.93%（詳見圖 2），而且每年都填息，填息天數在 28 天到 159 天之間。

　　這數字代表什麼意思呢？很簡單，這表示投資人只要等時間到了以後去買 0056，就有機會輕易賺到 4.93%。至於要等

表1 0056平均現金殖利率近5%
——0050與0056差異

ETF	元大台灣50 （0050）	元大台灣高股息 （0056）
成分股選擇	市值前50大的上市公司，代表藍籌股之績效表現	從台灣50及台灣中型100成分股中，挑選未來1年預測現金股殖利率最高的30檔股票作為成分股
大盤指數追蹤權重	73%	12%
特色	追大盤	追殖利率
2012.12.28～2020.12.31累積報酬率	127%	31%
2013～2020年配息	17.65元 平均現金殖利率2.88%	9.95元 平均現金殖利率4.93%

資料來源：元大投信

什麼時間呢？若仔細觀察過去數據會發現，0056 每年在 10 月配息前的股價震盪比較大，因此 8、9 月進場去買，有機會撿到便宜，之後只要耐心持有，就可以等待財神爺在半年內送錢來。

　　基本上，0050 和 0056 這 2 檔 ETF 是國內最早期、成交量最大的 ETF，相當具有代表性，一直都是年度前 5 大熱門 ETF，是投資人心中的最愛，而且特性大不相同（詳見表 1）。

表2 5檔大盤ETF成分股占大盤權重皆超過67%

代號	名稱	2021.01.21 收盤價（元）	平均配息殖利 率（%）	
0050	元大台灣50	143.00	3.4	
006208	富邦台50	80.20	3.5	
006203	元大MSCI台灣	65.95	2.7	
00692	富邦公司治理	34.52	4.1	
00850	元大臺灣ESG永續	32.71	3.8	

註：區間漲幅統計時間為 2021.01.01 ～ 2021.01.21，同期間台灣 50 指數
漲幅為 16.48%、加權指數漲幅為 9.6%

若是投資人不想花太多心力研究其他 ETF 的話也無妨，因為光
是能掌握 0050 和 0056 這 2 檔 ETF 的操作方法，其實就可
以算是「ETF 大贏家」了。

其他大盤ETF》4檔標的價格較0050好入手

若投資人不滿足於 0050 和 0056 這 2 檔 ETF 的話，下面，
我將會介紹更多 ETF 給大家認識。

實務上，若投資人想要布局追蹤大盤的 ETF，那麼除了
0050 之外，其實還有元大 MSCI 台灣（006203）、富邦
公司治理（00692）、元大臺灣 ESG 永續（00850）、富

——0050與4大影分身ETF比較

	大盤權重覆蓋（%）	成分股數（股）	與0050重疊數	區間漲幅（%）
	70	50	N/A	16.97
	70	50	50	16.65
	75	87	50	15.90
	67	100	40	13.52
	67	73	45	11.98

資料來源：各大投信基金報告、證交所

邦台 50（006208）這 4 檔 ETF 可供參考。其中，除了富邦台 50 和 0050 一樣是追蹤台灣 50 指數之外，另外 3 檔各自追蹤其他指數。不過，這些指數仍包含 40 ～ 50 檔的 0050 成分股，而且成分股占大盤權重也是超過 67%。

也就是說，上述這 4 檔 ETF 不但積極追大盤，卻又有各自差異化的特色，可以說是 0050 的「影分身」（詳見表 2）。在如今 0050 市價愈來愈高，投資人難以下手之際，這些 ETF 也是投資人可以列入考量的標的。

例如元大 MSCI 台灣複製 MSCI 台灣指數，87 檔成分股中把 0050 成分股都全包進來，但又納入一些中小型股。因此

當中小型股活躍時，區間報酬率有時候勝於 0050。

富邦公司治理追蹤台灣公司治理 100 指數，成分股高達 100 檔，其中有 40 檔就是 0050 成分股，但因為檔數較多，風險比較分散，而且平均配息率高達 4.5%，是追蹤大盤型 ETF 中最高者。

元大臺灣 ESG 永續則是以環境、社會責任及公司治理為篩選準則，73 檔成分股有 45 檔都是 0050 的成分股，因為藍籌股幾乎都會符合這些條件，而且股價也是這幾檔中最低的。

富邦台 50 跟 0050 幾乎就是雙胞胎，因為兩者都追蹤台灣 50 指數，但是複製指數的能力還是有些微不同，持股比率有略微差異，報酬率也就有所差異。在對指數的追蹤誤差上，富邦台 50 是 2.08，0050 是 0.89，後者還是更加貼近大盤指數（註 1）。

4 檔 ETF 可說是各有優勢，若把上述這些主要的特點做成評分比較可發現，富邦公司治理兼具配息及分散風險，位居第 1 位，適合想領多一點配息的存股族；第 2 名的元大 MSCI 台灣則是配置合理、價格適中，適合想要快一點累積資產的年

註 1：追蹤誤差會隨著市場而變並非定值，實際數據應以投信網站公告為準。

——0050與4大影分身ETF評價

代號	名稱	市價	平均殖利率	大盤權重覆蓋	成分股數	與0050重疊數
0050	元大台灣50	1	2	4	2	5
006208	富邦台50	2	3	4	2	5
006203	元大MSCI台灣	3	1	5	4	5
00692	富邦公司治理	4	5	3	5	3
00850	元大臺灣ESG永續	5	4	3	3	4

註：分數高者，表示該項目評價較高。以市價為例，0050市價最高，故得分最低；00850股價最低故得分最高。該表為作者主觀想法，僅供參考

輕人。元大臺灣 ESG 永續的價格低、配息也不錯，權重覆蓋也高，唯獨台積電（2330）比重較低，因此報酬率落後。富邦台 50 的最大優點就是同樣追蹤台灣 50 指數，價格卻低於0050（詳見表 3）。

Smart Beta ETF》主題選股帶動新方向

當然，台股不僅僅只有這些追蹤大盤指數的 ETF。近幾年ETF 在優點盡顯之下，本來以主動操作共同基金為主的投信公司，也紛紛熱中於研發更新型的指數及 ETF，因此策略設計更為多元，一反過往投資 ETF 只有複製大盤指數的枯燥乏味光景。這也代表著 ETF 的投資方式、邏輯及配息方式已經有很大

不同。

這起因來自傳統的共同基金經常在發行了一段時間後，持股方向跟原來公開說明書上註明的有不小出入，讓人特別疑惑：基金經理人是否真的遵從一開始設計的邏輯去選股、買股票？還是最後只能迫於績效的壓力而跟大家一起買飆股？尤其最常見到同一家公司的基金持股幾乎都是一樣的。再來，就是國內外各種研究都驗證，共同基金的報酬率經常是輸給大盤的。

為了減少這些窘境，加上金融工具及指數設計愈來愈發達，台灣指數公司現在能把基金經理人選股的設計策略、邏輯、買股方式變成一個 SOP（標準作業流程），然後針對這樣的選股邏輯開發出新指數，追蹤這些新指數的 ETF 就會完全按照指數的內容去配置資產、買股票，便不用擔心經理人初期跟中後期的選股邏輯完全不同。

這類 ETF 的配置邏輯不再是以產業或是大盤為主，可能是很多特別的主題或是條件，例如高薪、ESG（永續投資）、高殖利率、公司治理、低波高息等，這樣的 ETF 雖然是被動式投資，但實際上已經是介於被動投資及主動投資之間，這種內建選股邏輯的 ETF，就叫做「Smart Beta ETF」（詳見圖 3）。

本來舊式 ETF 以複製大盤指數為目標，常與市場當紅主題沒太大的關係，也沒有什麼選股邏輯可言，就是把一整包股票一

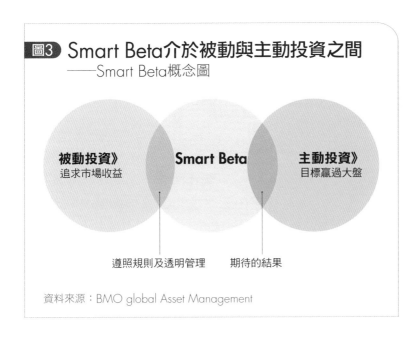

圖3 Smart Beta介於被動與主動投資之間
——Smart Beta概念圖

被動投資》
追求市場收益

Smart Beta

主動投資》
目標贏過大盤

遵照規則及透明管理　　期待的結果

資料來源：BMO global Asset Management

起買下來。但有了 Smart Beta 的「選股邏輯」設計後，主題式 ETF 如雨後春筍般陸續發行，例如 5G 概念（例如國泰台灣 5G+（00881））、ESG 企業（元大臺灣 ESG 永續）、網路資安（國泰網路資安（00875））、FANG+（尖牙股，例如統一 FANG+（00757））等，投資人的選擇更多。

其他還有類似低波動投資、AI（人工智慧）投資、機器人投資、房地產等各種主題概念的 ETF 可供選擇（註 2）。

試想，若投資人只靠自己的財力進行布局，恐怕整個供應鏈

只能買下 1 檔或 2 檔公司，上中下游都沒有建構完整，而且還有可能買到漲不動的股票。但若有這類主題式 ETF 就可以直接擁有整個供應鏈，不怕掛一漏萬，既不用辛勤的選股，也不怕萬一選錯，報酬率還輸給只買 ETF 的人。

而且 Smart Beta 還有一個好處，就是能夠創造投資樂趣。這樣一來，不但能讓人多點心思去照顧，也有助於跟同好討論。有一個笑話是，當你在茶水間跟同事討論投資，要怎麼最快讓對方閉嘴？只要你回答 0050，話題就直接停止了；但若是回答 ESG，接下來就有很多東西可以討論。也就是說，有了 Smart Beta ETF 除了能讓投資變得更多元，從產業投資、主題投資到策略投資皆能涵蓋，也能增加與同好之間的話題。

但投資人可別搞錯，以為 Smart Beta ETF 是這 1、2 年才開始流行的，其實很早以前就有 Smart Beta ETF 了，像國泰永續高股息（00878）及 0056 都屬於此類 ETF。只是以前台灣的 Smart Beta ETF 主要是在指數投資中納入選股邏輯（詳見表 4），現在則可以加入更多題材、條件，變得更活潑。

註 2：投資主題式 ETF 雖然帶來各種樂趣，但也會讓波動率與費用率跟著上升。特別是標的物在海外的主題式投資商品，投資標的為海外證券會讓發行商的成本上升（包括交易費、管理費、追蹤調整成本等），而這都會反映在 ETF 的費用率上。因此，投資人在觀察各檔 ETF 費用率時，若費用相對其他產品高出許多的，經常為主題式且標的物為海外證券的商品，這是在投資前必須先了解的地方。

表4 00878、0056內建高殖利率投資策略
——Smart Beta ETF內建選股策略

ETF	國泰永續高股息（00878）	元大高股息（0056）
選股策略	1. 篩選MSCI ESG評級為BB（含）以上，且MSCI ESG爭議分數達3分（含）以上之個股 2. 依調整後的股息殖利率排序，取前30檔，並以調整後股息殖利率作為權重分配之標準	1. 以台灣50指數與台灣中型100指數共150檔成分股作為採樣母體 2. 挑選未來1年預測現金股利殖利率最高的30檔股票作為成分股，以現金股利殖利率加權

註：MSCI ESG 爭議分數是用來評估涉及上市公司和固定收益發行人的 ESG 爭議，分數愈高愈好　　資料來源：投信網站的基金報告

至於怎麼分辨哪些是 Smart Beta ETF ？其實光是從簡稱來看就能大致區分，因為這類 ETF 都會取比較新潮的名字，不像追蹤大盤指數 ETF 的名稱比較古板。像是富邦公司治理、元大全球 AI（00762）、國泰股利精選 30（00701）、國泰 AI+Robo（00737）、元大台灣高息低波（00713）、台新全球 AI（00851）、富邦臺灣優質高息（00730）、群益 NBI 生技（00678）、國泰標普低波高息（00702）等，都屬於 Smart Beta ETF。

挑標的》依投資目的決定存哪類基金

介紹完 ETF 的基本知識之後，接下來我們要來探討，哪些

ETF 適合存？若是以投資「存股」的角度來選擇 ETF 時，常常會考量配息狀況，但配息領現金或不配息滾存累積資產該如何選擇？

原則上，若是小資族或年輕投資人要以 ETF 作為「存股」，資產的加速累積會是重點，選擇 ETF 將會著重在報酬率的累積，追逐最大成長。這類 ETF 多半會是低配息或不配息，因其成分股多半是熱門股或題材股，例如 5G、AI 等，也就是 Smart Beta ETF，選擇比較多樣化。這些成長型公司多半會保留多一點盈餘轉投資，或者是股價漲幅比較快，導致殖利率相對較低。若想要用配息以及高殖利率標準篩選，就可能會錯過這類報酬跑比較快的 ETF。

但若是保守的投資人或屆退族群以「定存股」的角度選擇 ETF，那麼可以穩定配息、現金可以安心入袋的 ETF 則會是首選。以高配息選股的話，限制比較多，例如還要符合低波動等標準，投資人也能直接選擇債券型 ETF。不過，高配息 ETF 多半沒有高報酬，價差表現上將不如低配息或不配息的 ETF。

這樣聽起來投資主題式 ETF 似乎是好處多多？其實不然。主題式因為投資在特定主題或採用特定投資策略（例如低波動、高殖利率），容易讓整體績效與當時大盤有脫鉤現象。

而我們在市場中都必須謹記，特定的產業投資主題都會因為

產業衰退而失去投資報酬表現，像是過去在共同基金曾有金磚四國（巴西、俄羅斯、印度和中國）的主題投資，一時蔚為風潮吸引大量資金，初期也有不錯的績效表現。但隨後而來的油價與原物料問題，讓報酬率衰退風光不再，甚至首先提出金磚四國概念的高盛也在 2015 年關閉了旗下金磚國家（BRICs）基金。

所以，在選擇主題式基金的同時也必須持續關注該主題的後續發展狀況是否一如預期的。主題式基金在選擇特定題材的同時，也意味著投資的標的物被限制在特定產業上，成也該產業，敗也該產業，這點必須先有所認知。

最保守穩健的方式就是選擇傳統、擁抱全市場的指數型 ETF（台灣市場可以選追蹤加權指數為主的 ETF、美股市場可以選追蹤道瓊工業指數、S&P 500 指數為主的 ETF）。這些比較偏傳統指數概念的 ETF 雖然很無聊，但也因為它涵蓋市場所有面向，投資人可以省卻追蹤特定產業主題的心力，以入門來講是較佳的選擇。

領配息》自行搭配ETF組合，創造被動收入

賺報酬率的 ETF 可以考慮指數型 ETF 或 Smart Beta ETF，那配息型 ETF 可以怎麼選？事實上，除了指數型及產業型這種連結股市的 ETF 可以配息外，投資等級債、高收益債等債券

型 ETF 也是大宗。而且，配息模式除了傳統的 1 年發放 1 次，也還有半年配以及季配，比 1 年只領 1 次股利來得有彈性（詳見表 5）。

也許有些投資人會覺得，不常聽到債券市場，它的規模應該比股市小。但事實上，債券市場的豐富度及交易量比股市還高出甚多，且基於債權優先於股權的緣故，投資收入也相對穩定，所以多半是有錢人的主要投資工具。不過，自從推出債券型 ETF 以後，一般投資人也可以用少少的錢買到一個債券組合商品。

債券最大的好處是降低整體投資組合的風險，像是在 2020年 3 月全球股市大跌時，債券型 ETF 反而是上漲的。不過，槓桿型及期貨型 ETF 就沒有配息機制，以賺價差為主，風險也相對較高。這種屬於短期賺價差的 ETF，不適合存股。

台股大多數股票都是 1 年配 1 次股利，投資人在 7 月～9月領到股利後接著就又要等一整年。若投資人有現金流需求，這樣的領息模式比較不好規畫，尤其對大多數沒有做理財規畫的人來說，一拿到股息或是獎金多半會想花掉，或是不知不覺就用罄。

ETF 卻是可以有多種配息的時間，而且每檔 ETF 的配息月份又不同（詳見表 6），因此可以用多檔 ETF 組合，讓每個月都

表5 債券型ETF配息有半年配、季配、月配3種

表5 債券型ETF配息有半年配、季配、月配3種
——不同投資商品配息頻率

投資工具	殖利率（％）	配息頻率	配息時間
股票	3～10	年、半年（少數）、每季（少數）	7～9月為大宗
股票型ETF	3～6	年、半年	與股票類似
債券型ETF	2～4	半年、每季、每月	視產品規畫而定
定存	1左右	每月、年	每月、期滿時

有配息的現金流，月月領息領到爽，就能直接成為「股市包租公」，這對退休人士來說正是相當好的規畫。

而且，現在增加配息的次數正逐漸受到企業及 ETF 的看重，像是 0050 以前採取年配，自 2017 年起改成半年配息；護國神山台積電（2330）則從 2019 年年中起採取季配息。這樣的好處是投資人內心有多次獲利的感受，而且當每次發的金額降低時，填息速度就愈快，對股東來說也是扎扎實實拿到配息，所以推測未來將會有愈來愈多 ETF 改成多次配息，也剛好配合投資人想要一直拿到利息的心態。

至於ETF該怎麼挑選？我建議從殖利率4％以上的ETF篩選，效率會比較好。但若再加上淡旺季的考量，以及達到月月配息的目的，那就會留下特殊配息月份，例如配息月份在 2 月、5

月、8 月、11 月，但殖利率不到 4% 的 ETF。

基本上我認為，只要用 3 ～ 6 檔 ETF 就可以變出月配息的投資組合，而且用銅板價就可以買到，具備月月領、低成本、收現金的「股市包租公」。例如以國泰 20 年美債（00687B）、FH 彭博高收益債（00710B）、群益 15 年 IG 公用債（00755B）、富邦台灣優質高息、元大台灣高息低波、FH 富時高息低波（00731）這 6 檔 ETF 搭配組合，就會是像表 7 這樣的收息月曆。

這個組合中，富邦台灣優質高息、元大台灣高息低波、富時高息低波是高股息低波動的股票型 ETF，殖利率 4.3% ～ 4.8%。而國泰 20 年美債則可以跟 FH 彭博高收益債的高波動互相抵銷。至於群益 15 年 IG 公用債，由於其為高息型產品，表現相對穩定。

如果投資人將資金平均分配到這 6 檔 ETF 上，那麼殖利率大約可以有 4%。由於這 6 檔 ETF 多屬於銅板價，且股債平衡，整個組合不只能月月領息且波動低，而且能夠領得安心、降低成本。

另外，中國信託投信於 2020 年將旗下的「中信高評級公司債（00772B）」與「中信優先金融債（00773B）」由季配息改為月配息。投資人若是覺得用搭配的方式來取得月配

表6 買進不同ETF，就能錯開除息月份
——ETF除息月份

代號	ETF簡稱	除息月份（月）
006204	永豐台灣加權	10
006208	富邦台50	7、11
00660	元大歐洲50	10
00690	兆豐藍籌30	11
00692	富邦公司治理	7、11
00701	國泰股利精選30	1
00702	國泰標普低波高息	1、7
00713	元大台灣高息低波	11
00717	富邦美國特別股	1、4、7、10
00730	富邦台灣優質高息	10
00731	FH富時高息低波	11
00733	富邦台灣中小	10
00679B	元大美債20年	2、5、8、11
00687B	國泰20年美債	1、4、7、10
00696B	富邦美債20年	1、4、7、10
00697B	元大美債7-10	3、6、9、12
00710B	FH彭博高收益債	3、6、9、12
00711B	FH彭博新興債	3、6、9、12
00720B	元大投資級公司債	1、4、7、10
00722B	群益15年IG電信債	1、4、7、10
00755B	群益15年IG公用債	2、5、8、11

註：1.表中除息月份以2019年～2020年的除息月份為準；2.ETF除息月份
可能會有調整，請依各投信公司公告為準
資料來源：各大投信公司網站

表7　搭配股債型ETF，安心月月領息
—— 存股包租公收息月曆

1月	2月	3月
國泰20年美債（00687B）	群益15年IG公用債（00755B）	FH彭博高收益債（00710B）
4月	**5月**	**6月**
國泰20年美債（00687B）	群益15年IG公用債（00755B）	FH彭博高收益債（00710B）
7月	**8月**	**9月**
國泰20年美債（00687B）	群益15年IG公用債（00755B）	FH彭博高收益債（00710B）
10月	**11月**	**12月**
國泰20年美債（00687B）、富邦台灣優質高息（00730）	群益15年IG公用債（00755B）、元大台灣高息低波（00713）、FH富時高息低波（00731）	FH彭博高收益債（00710B）

註：1. 本表僅為月配息的示範案例，勿作為投資參考；2. 本表以除息月份為基準配置；3. 除息月份、配息率數字會因發行商的政策調整而改變，投資人應自行查詢產品資訊為準。本表資料力求完整，但不保證正確無誤
資料來源：各大投信公司網站

息很麻煩，也可以考慮上述的兩檔月配息商品。若月配息成為主流的話，也不排除其他投信日後會跟進類似的做法。

也許有人看完月配息 ETF 組合後會有疑慮：既然要達成月月

延伸學習 投資高收益債，須留意違約風險

債券投資大多參考信評公司的評等機制，可分成「投資級」與「非投資級」兩大分類。其中，投資級指信用評等在 BBB 以上（AAA、AA、A、BBB）者，非投資級則指信用評等在 BB 以下（BB、B、CCC、CC、C、D）者。一般來說，評級愈低，違約的風險愈高。

高收益債券又被稱為投機債券或垃圾債券。因其違約風險高，故需要付出較高的票面殖利率才能在市場上募資。由於高收益債券能否順利提供利息取決於企業是否順利獲利，因此，當景氣不好時，市場會擔心這些高違約率的發債企業會有違約問題，紛紛出脫手中債券，使得債券價格下降（殖利率上升）。當景氣好時，企業違約可能性下降，票面高殖利率又變成吸引資金的誘因，使得債券價格上升（殖利率下降），這使得高收益債券的價格波動較大，與股票市場類似，這是在投資高收益債券時要注意的地方。

領息，那麼何不直接買月配息基金？不僅方便而且配息穩定，這樣不就不須搭配好幾檔 ETF ？

不先考慮月配息基金，是因為這類基金為滿足投資人高現金殖利率的要求，大多數資產會放在高收益類產品（例如高收益債券，詳見延伸學習）。而且為了滿足配息率，就得配置高波動資產，等於是把雞蛋放在較危險易破的籃子裡。

再來，就是很多配息型的基金可能會配到本金，或是有些採取傘型基金（註 3）的組合方式，若沒有留意手續費及隱含成本可能會被多收，畢竟方便是要付出代價的。

自己動手做 ETF 月配息組合的最大優點就是手續費、銀行保管費比較低，而且多半是公債、房地產及股票收益。波動度低、安全性較高，而且進出也比較自由，也不易動到本金配息。若是選到好的 ETF，還會很快就填息。

　　若再比較單一產品、單一基金公司及混搭 ETF 的結果可以發現，單一產品殖利率只有 2.7%，單一投信的產品提高到 3%以上，混搭型的殖利率提高到 4.05%，明顯高出很多（詳見表 8）。採用混搭的方式，不只可以自行精挑市面上高殖利率且風險低的 ETF，不適合的時候還可以抽換。也因為是自己管理混搭，所以報酬率比較高。

　　至於月配息 ETF 組合要怎麼買？若採取單筆投入則需要擇時、關注折溢價狀況，因為單筆投資就是得追求最大報酬率。不過，我還是會建議定期定額，雖然不擇時、只追求平均成本、買出微笑曲線，看起來很笨，但這卻是簡單有效的方法。

　　若投資人想要把報酬率拉高，首先就是把月配息再投入，第 2 就是即使股市下跌也一路往下撿便宜。只要是買追蹤大盤的

註 3：傘型基金是指該檔基金下面，有一群投資於不同標的之子基金，且各項子基金的管理工作均是獨立進行的。其主要特點在於投資人可根據自己的需求在不同的子基金裡面進行轉換，且不用支付轉換費用。例如元大產業債券 ETF 傘型基金下面就包含了元大 10 年 IG 銀行債（00786B）、元大 10 年 IG 醫療債（00787B）和元大 10 年 IG 電能債（00788B）。

表8 自行搭配ETF月配息組合，殖利率較高
——不同月配息組合的比較

類型	單一產品	單一業者	混搭
業者 （舉例）	中國信託投信	群益投信	混合數家投信
ETF產品 （舉例）	中信高評 級公司債 （00772B）	群益15年 IG科技債 （00723B）、 群益15年 EM主權債 （00756B）、 群益A級公司債 （00792B）	國泰20年美債 （00687B）、 FH彭博高收益債 （00710B）、群 益15年IG公用債 （00755B）、 富邦台灣優質高息 （00730）、元大台灣 高息低波（00713）、 FH富時高息低波 （00731）
現金殖利率 （2020年）	2.7 %	3.2%	4.05%

資料來源：各家投信公司網站

指數型及債券型 ETF 都不用害怕，因為下去都會再回來，尤其是債券型 ETF。所以，投資人反而會愈買、成本愈便宜、心情也會愈開心。

折溢價》超過1%時，ETF價格易修正

上一段提及單筆投入要拉高報酬率的關鍵之一，是把握折溢

圖4 ETF折溢價幅度多半在-1%～1%以內
—— 元大投信發行ETF折溢價列表

資料時間:2021-01-20 11:48:15

基本資料		淨值				市價				折溢價		初級市場
股票代碼	基金名稱	昨收淨值	預估淨值	漲跌	漲跌幅	昨收市價	最新市價	漲跌	漲跌幅	折溢價	幅度	可否申購
0050	元大台灣50	01/19 137.47	138.32	▲ 0.85	0.62%	137.95	138.20	▲ 0.25	0.18%	-0.12	-0.09%	✚
0051	元大中型100	01/19 45.13	44.30	▼ 0.83	1.84%	45.15	44.20	▼ 0.95	2.10%	-0.10	-0.23%	✚
0053	元大電子	01/19 65.56	65.9							-0.12	-0.18%	✚
0054	元大台商50	01/19 30.62	30.2							-0.07	-0.23%	✚
0055	元大MSCI金融	01/19 17.96	17.76	▼ 0.20	1.11%	17.74	17.85	▲ 0.11	0.61%	0.09	0.51%	✚
0056	元大高股息	01/19 30.82	30.32	▼ 0.50	1.62%	30.74	30.32	▼ 0.42	1.37%	0.00	0.00%	✚
0061	元大寶滬深	01/19 25.04	25.21	▲ 0.17	0.68%	25.11	24.95	▼ 0.16	0.64%	-0.26	-1.03%	✚
006201	元大富櫃50	01/19 18.69	18.48	▼ 0.21	1.12%	18.55	18.27	▼ 0.28	1.51%	-0.21	-1.14%	✚
006203	元大MSCI台灣	01/19 64.03	64.31	▲ 0.28	0.44%	63.95	63.75	▼ 0.20	0.31%	-0.56	-0.87%	✚

理想折溢價幅度應在0%，但實務上在-1%～1%以內即可

註：折溢價＝最新市價－預估淨值
資料來源：元大投信

價的契機，但這跟存股有什麼樣的關係？

　　投資人要先了解，ETF 本質上是證交所交易的基金，所以是基金的一種，因此「淨值」才是其本體；也就是說，淨值比市價更為重要。而這兩者之間的落差，則以「淨值」為基礎，計算出的數字即是折溢價。

　　當市價離淨值過大時，發行商必定要修正淨值與市價之間的價差現象，避免折溢價時間拉得過長，造成太大的套利空間。因此出現溢價時，ETF 隔天會下跌；出現折價時，ETF 隔天會

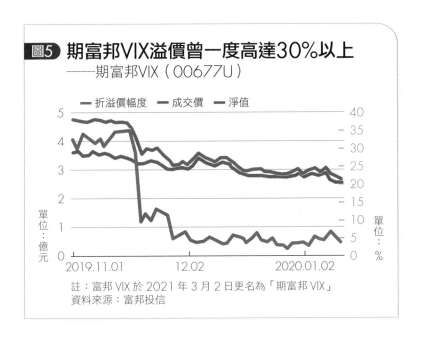

圖5 期富邦VIX溢價曾一度高達30%以上

──期富邦VIX（00677U）

── 折溢價幅度 ── 成交價 ── 淨值

單位：億元

單位：%

2019.11.01　　　12.02　　　2020.01.02

註：富邦VIX於2021年3月2日更名為「期富邦VIX」
資料來源：富邦投信

上漲。特別是折溢價幅度超過1%時，這個修正會更明顯。

　　所以ETF的市價會貼近淨值的走勢，就像主人（淨值）與有牽繩的狗（市價）出去散步，一旦狗（市價）走太遠時，很快就會被拉回主人（淨值）身邊。因此最完美的溢折價是0元，也就是淨值等於市價，不過多數狀況是在0元的左右，所以折溢價幅度多半是在-1%～1%以內（詳見圖4）。

　　當出現溢價時，是市價高於淨值，表示市場給予較高的評價，但若溢價過高，則容易回跌；折價則是市價低於淨值，表

233

示市場沒有看清 ETF 的價值,當折價過多時,代表價格過於便宜,最終還是會漲回接近淨值的位置。當 ETF 折溢價差異過大時,若沒有意外,3 ~ 4 天就會回到淨值附近。

在近年市場中,經常會出現新發行的 ETF 發行首週大幅溢價的狀況。這是因為新 ETF 在募集期間會有大量行銷曝光吸引投資人注意,且有許多投資人選擇在發行首日進場購入。這使得首發的第 1 週,ETF 價格容易出現溢價,但經驗上來看,都會陸續收斂回該有的溢價差水準內。

但有兩個狀況會導致折溢價無法修正,第 1 個是流動性太差,第 2 個是發行額度已滿。例如期富邦 VIX(00677U)曾出現高額溢價,就是因為太多人想放空,多到券商已經沒有籌碼可以調控,也就是狗已經變得太大隻,主人暫時拉不動。當 ETF 發行商申請到新的額度,溢價就會快速收斂,或者是隨著時間慢慢地收斂溢價,使得市價拉回至淨值附近(詳見圖 5)。

看完這篇,大致上對 ETF 的基本認識以及各種變形操作,都會有一個清楚的概念及輪廓。但要落實到投資上,還是要靠投資人親自下場體驗,才會更了解 ETF 的美好之處。

定期定額存零股
小錢也能滾大財富

存股者到了某個年紀以後，存股的目的不再僅限於要存退休金或買房、買車，多數在行有餘力之後，都會想幫小孩存教育基金，甚至是小孩長大後的第一桶金。

對我來說也是如此，**也許我們沒有富爸爸，但我們可以成為小孩的富爸爸！**自己投胎也許沒有投比較好，但可以讓自己的小孩覺得他上輩子一定做很多善事、累積了許多福德，這輩子才來當我們的小孩。

我也是幫女兒把她的壓歲錢直接拿來定期定額存股，從 1 歲開始存到現在她 9 歲，我預計 10 多年後她可以每年領 24 萬元股利，相當於有 2 萬元月薪。這是身為一個爸爸，能給女兒最好的傳家寶。

有了這筆錢，女兒未來可以不用顧慮升學壓力，出社會後也不用擔心找工作的問題，或是得委身在不喜歡的地方賺錢。她要做的就是真正了解自己，可以無後顧之憂地去做她有興趣的

工作。

善用複利效應、微笑曲線累積資產

也許很多人會覺得，壓歲錢勢必要存到 500 萬元才能達成每年領 24 萬元股利這樣的成果。但其實不然，運用定期定額小額存股法，存個 20 年就有機會可以達成心願。這背後的原因就要提到「世界第八大奇蹟」，也就是「複利」。

一般來說，當你投資年報酬率 8% 的產品，經過 9 年以後，資金就會變成 2 倍，也就是你的錢在複利的幫助下，會隨著時間推移變得愈來愈大（詳見表 1）。

若將上述觀念套用到實際生活中，則從表 2 來看，當女兒在 12 歲小學畢業時，我幫她一開始所做的投資，已經累積 2.52 倍的投資報酬率；也就是說，若最初投入的金額是 100 萬元，這時候該筆資金就會變成 252 萬元。當女兒在 22 歲大學畢業時，投資報酬率累積有 5.44 倍；同樣以 100 萬元投入金額來看，這時候會變成 544 萬元。但要達到上述績效，前提是要挑到每年都有 8% 報酬率的股票。

或許有人覺得，報酬率 8% 的股票會不好找，但其實 4-2 提到的元大台灣 50（0050），就幾乎是年化報酬率 8% 的好標的（註 1）。只要長期抱著，平均下來 1 年報酬率就有 8%

表1 投資報酬率8%商品，本金9年後翻倍
——複利表

年	年報酬率（%）											
	1	2	3	4	5	6	7	8	9	10	13	15
1	1.01	1.02	1.03	1.04	1.05	1.06	1.07	1.08	1.09	1.10	1.13	1.15
2	1.02	1.04	1.06	1.08	1.10	1.12	1.15	1.17	1.19	1.21	1.28	1.32
3	1.03	1.06	1.09	1.12	1.16	1.19	1.23	1.26	1.30	1.33	1.44	1.52
4	1.04	1.08	1.13	1.17	1.22	1.26	1.31	1.36	1.41	1.46	1.63	1.75
5	1.05	1.10	1.16	1.22	1.28	1.34	1.40	1.47	1.54	1.61	1.84	2.01
6	1.06	1.13	1.19	1.27	1.34	1.42	1.50	1.59	1.68	1.77	2.08	2.31
7	1.07	1.15	1.23	1.32	1.41	1.50	1.61	1.71	1.83	1.95	2.35	2.66
8	1.08	1.17	1.27	1.37	1.48	1.59	1.72	1.85	1.99	2.14	2.66	3.06
9	1.09	1.20	1.30	1.42	1.55	1.69	1.84	2.00	2.17	2.36	3.00	3.52
10	1.10	1.22	1.34	1.48	1.63	1.79	1.97	2.16	2.37	2.59	3.40	4.05

註：1. 以第0年為1計算；2. 數值採四捨五入計算

若採取定期定額投資，還有攤平成本的功能。這個成本攤平效果可以用「微笑曲線」來做圖解，簡單的說，就是高點、低點都買時，成本就會降低。如果再加上高點買少一點、低點買多

註1：要提醒一下，0050年複合報酬率8%是過去已經發生的數據，未來是否仍有這樣的表現取決於成分股的獲利能力。未來有可能更好，也有可能會變差，投資人應自行在市場上評估適合的產品來投入。

表2 1歲開始投資，22年累積報酬達5.4倍

——以年報酬率8%商品為例

年齡 （歲）	累積報酬（倍）	年齡 （歲）	累積報酬 （倍）
11	2.33	20	4.67
12（小學畢業）	2.52	21	5.03
13	2.72	22（大學畢業）	5.44
14	2.94	23	5.87
15	3.17	24（碩士畢業）	6.34
16	3.43	25	6.86
17	3.70	26	7.40
18（高中畢業）	4.00	27	7.99
19	4.32	28（博士畢業）	8.63

註：假設從 1 歲開始投入

一點，效果會更好（詳見圖 1）。

　　不過理想很豐滿，現實卻很骨感，因為定期定額這套操作方式其實是違反人性的做法，如果投資人沒有設定自動扣款，低點根本就怕死了，不敢下手。我也看到很多投資人都是高點時沒錢買、低點時不敢買，最後落得兩頭空；或者是高點出來搶、低點放空，最後不但沒賺，反而賠很多。因此，要克服高低點不敢進場的這種心態，最好的方式就是設好定期定額自動扣款。

圖1 採取定期定額投資，能有效攤平買進成本

◎定期定額的微笑曲線

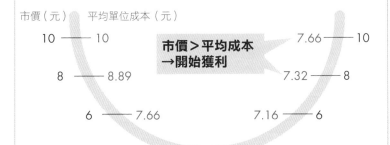

市價（元）　平均單位成本（元）

10 — 10		7.66 — 10
8 — 8.89	**市價＞平均成本 →開始獲利**	7.32 — 8
6 — 7.66		7.16 — 6

◎定期定額的報酬率計算

期數	1	2	3	4	5	6
投入金額（元）	10	10	10	10	10	10
市價（元）	10	8	6	6	8	10
總投入成本（元）	10	20	30	40	50	60
累積單位數	1	2.25	3.92	5.59	6.84	7.84
平均單位成本（元）	10	8.89	7.66	7.16	7.32	7.66
累積報酬率（％）	0	-10	-22	-16	9	31

註：1. 數值採四捨五入計算；2. 平均單位成本＝總投入成本÷累積
　　單位數；3. 累積報酬率＝市價×累積單位數÷總投入成本－
　　1×100％
資料來源：國泰投顧

雖然說定期定額扣款有點違反人性，但它的好用之處，有時候連技術分析操作都比不過。舉例來看，如果我們用 KD 黃金交叉技術操作策略（KD 在 20 以下買進、80 以上賣出）買進玉山金（2884），在 2018 年 5 月至 2019 年 8 月的這段期間，可以成功操作賺到 10.7%；但如果採取每月定期定額買入，最後報酬率卻是高達 27.9%（詳見圖 2）。

這是因為採用 KD 值操作的缺點是，有時候在短期間內要一直不停交易，但有時候又會有很長一段時間都沒有交易點。與之相比，每個月定期定額扣款買進，不僅可省下很多時間，還能避免許多人為因素干擾。不過投資人在採用定期定額投資時，最好設定成自動扣款，以免忘記下單或不敢下單。

零股盤中交易開放，小資也能買高價股

至於定期定額該怎麼選擇標的？方式很簡單，只要遵循前面第 2 章、第 3 章一再重複提到的幾個條件進行選股就可以，像是現金股利配發 10 年以上不間斷、ROE 大於 8%、本業收入比率大於 80%（專注本業）、倒不得的、基礎民生需求、有壟斷性必要性服務等特徵的公司（詳見 2-1）。

不過，定期定額投資也有一個令人稍微頭痛之處，那就是透過上述這些條件所選出來的公司，由於是長期績優股，有些可能股價超過百元，例如許多存股族偏愛的中華電（2412），

圖2 定期定額買玉山金，報酬率較技術操作高

◎玉山金（2884）股價走勢圖

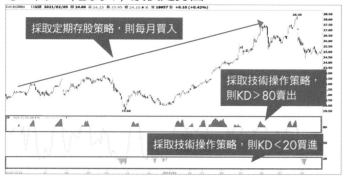

採取定期存股策略，則每月買入

採取技術操作策略，則KD＞80賣出

採取技術操作策略，則KD＜20買進

◎技術分析vs.定期存股策略投資玉山金

操作策略	技術操作 （KD交叉策略）	定期存股 （月買入策略）
總資金（元）	20萬	20萬
終值（元）	22萬1,000	25萬6,000
報酬率（%）	10.7	27.9

註：資料時間為2018.05.02～2019.08.30
資料來源：XQ全球贏家

股價就一直高居百元不下。這也是本書為什麼在最一開始時就提醒大家，以往做投資組合最好要有一點資本，因為很多好股票價格偏高，買一張就需要10萬元、20萬元，更何況要買個8～10檔股票才能組成一個存股戰隊，所需的資金自然不少。

但準備 50 萬元這個條件，幾乎讓 70% 的年輕人都出場了。常聽到有人跟我說，想要存股投資但資金不夠，只能一直觀望，或是只能「釘孤枝」（重壓一檔股票）。這也造成每次我講到「投資組合」時，大家就會從文章轉走，或是把節目關掉，因為這類投資人腦中直接浮現，「做不到不如不要看」。但是，隨著股市的交易規則不斷優化後，這個問題漸漸有了解方。

因為自從 2020 年 10 月 26 日開放零股盤中交易後，大約有 900 多檔公司都可以盤中交易零股，相當於 50% 的公司及聽過的中大型公司幾乎都可以在盤中買賣零股。小資族的交易門檻大幅下降，現在即使只有 500 元就可以開始投資，5,000 元就可以搭配出一個投資組合！而且盤中零股是採取 3 分鐘撮合一次，交易起來更有感覺，小資族可以進場練功，實際感受市場氛圍、累積經驗值。

愈漲愈貴的股票，更要分批買進

若是以零股加上定期定額買進策略，也可以解決想買的標的價格愈漲愈高、令人難以下手這件事情。尤其是我最常提到的元大台灣 50（0050），不管是什麼價位，50 元、80 元還是 100 元，都會有人嫌貴，最後眼睜睜看它漲到 143.25 元（2021 年 1 月 21 日盤中高點）。同樣的事情也發生在像是大統益（1232）、台積電（2330）等，這些線型右上角的公司（指股價長期向上的公司）。

但若定期定額買零股投資，就能持續地、分批地累積部位，而且能降低投資人懶惰、恐慌等人為干預。當股災或是出現低價時，看到手中部位成本有比較基準時，也就能勇於再入手加碼，大幅度攤平成本。

要知道投資不能光說不做，一定要在車上才有感覺。如果說你覺得買 1 張股票要付好幾萬元會覺得貴、萬一跌下來會肉痛，那麼一次買 1 股或是 100 股就大大減輕這樣的壓力，很貴的股票也就人人都買得起了！

以台積電來說，目前股價大約 600 多元，雖然說小資族一下子拿不出 60 幾萬元來投資，但是若上班時間都省下一杯手搖飲的錢，1 個月就可以省下 700 ～ 1,300 元，足夠買 1 ～ 2 股台積電成為股東。當你開始投入股市、有感覺後，部位就會慢慢累積變大，收成只待時間累積。

對於存股投資人來說，存股最棒的是，股利只是我們的最低報酬率。而且透過定期定額自動扣款買進，等於你什麼事情都不用做，就能夠不斷得到現金股息，而且這筆金額比你放在定存還高。不信我們拿實際數據出來看，就台灣上市公司整體殖利率來看，它的歷史均值約為 4.22%（2000 年 1 月～ 2021 年 1 月，詳見圖 3），是目前定存的 5 倍以上（註 2），這也是台股很特別的優點。所以，即使所持有的個股股價報酬率不高，現金股利的報酬率還是不錯。

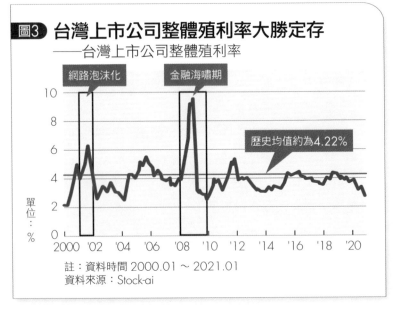

圖3 台灣上市公司整體殖利率大勝定存
——台灣上市公司整體殖利率

網路泡沫化　　　金融海嘯期

歷史均值約為4.22%

單位：％

註：資料時間 2000.01 ～ 2021.01
資料來源：Stock-ai

用零股建立個人化ETF，降低投資風險

　　但若想要資產財富大翻身，危機入市的機會很重要。因為就歷史經驗而言，每逢危機重挫後，股市又會彈回來，沒有一次例外！所以對於存股族來說，遇到股市大崩盤時，千萬不要像技術分析派或籌碼派那樣驚慌離場，但也不要一次把全部身家都壓在裡面，釘孤枝很容易壓錯寶，但用零股買整個投資組合

註2：2021 年 2 月 1 年期定存利率約 0.8%。

表3 用零股布局5G產業，報酬率較單壓1檔高
——整張投資vs.零股投資

策略	整張投資	零股投資
標的	中華電（2412）：終端服務應用	聯發科（2454）：晶片設計 智易（3596）：小型基地台 宏捷科（8086）：PA砷化鎵 欣興（3037）：PCB 中華電（2412）：終端服務應用
成本	10萬7,500元（＝１０７．５元×1,000股）	10萬8,970元（＝（699元＋91.7元＋106元＋85.5元＋107.5元）×100股）
報酬率	1.86%	13.55%
風險係數	0.18	1.16
特點	資金不足，只能壓寶單一檔、單一產業	完整布局供應鏈上中下游題材，統統不漏接

註：1. 成本用個股 2020.10.13 收盤價計算；2. 報酬率計算至 2021.01.05；
　　3. 假設零股投資是每檔股票各買 100 股
資料來源：XQ 全球贏家、CMoney

就可以全方位布局，還能降低風險。

　　例如，想投資 5G 產業，但資金不足 11 萬元時，原本只能買 1 張中華電，但採取零股投資就可以把 5G 產業上、中、下游都一次買齊，平衡了波動率過低的問題，報酬率也大勝買單一個股，因為可以把高報酬率、表現穩健的都一網打盡（詳見表 3）。

表4 股魚房產未來動力ETF，1年來報酬率逾17%

名稱	股魚房產未來動力ETF				股魚懶人		
	股號	股名	2021.01.07 股價（元）	產業	股號	股名	
成分股	1101	台泥	42.85	水泥	2377	微星	
	9924	福興	45.00	門鎖	2642	宅配通	
	9911	櫻花	52.30	廚衛	2640	大車隊	
	2542	興富發	45.60	營建	5287	數字	
	2546	根基	49.15	營造	8044	網家	
組成金額（元）	23,490				53,985		
報酬率（%）	17.72				12.80		

註：組成金額以 2021.01.07 收盤價計算，每檔股票購買 100 股；報酬率計算
　　期間為 2020.01.02 ～ 2021.01.07

　　因此，以後要建立投資組合除了不必受限於整張交易以外，包括 ETF 也都可以放手自己來。雖然鼓勵投資人利用 ETF 快速建立組合，但有時候對於 ETF 心中仍有疑慮，例如「某檔 ETF 內有我不看好的公司，買不下手啊」。

　　關於這點也不必擔心，只要自己研究做得夠多，就可以做 ETF 精選股，也就是從各 ETF 中挑出績效往上拉的個股，把資金集中壓在數檔績優生身上，就不用再忍受 ETF 統統打包的投資組合方式。

——股魚設計特色題材ETF

宅經濟享樂ETF					股魚女人香不老盛世ETF		
2021.01.07 股價（元）	產業	股號	股名	2021.01.07 股價（元）	產業		
129.00	電競周邊	1786	科研	60.00	玻尿酸		
33.35	快遞服務	4104	佳醫	55.60	洗腎		
77.80	計程車	1707	葡萄王	179.50	保健食品		
212.50	虛擬交易	4138	曜亞	49.50	美容設備		
87.20	網購平台	5904	寶雅	581.00	美妝通路		
				92,560			
				8.65			

資料來源：XQ 全球贏家

　　一般來講，會建議建構 20 檔標的的投資組合，並涵蓋 ETF、個股、特別股、收息股、債券 ETF 等類別，讓風險係數可以更為平均。

　　例如表 4 中 3 個自組的特色題材 ETF，從房地產、宅經濟到女性經濟全都包。例如「股魚房產未來動力 ETF」就是從基礎建設到水泥、廚衛全部都包含在一起；「股魚懶人宅經濟享樂 ETF」則有電競、網購、快遞等；「股魚女人香不老盛世 ETF」則是美容、健康相關。假若每檔個股各買 100 股，則

回溯 1 年多的資料來看，報酬率也還不錯（2020 年 1 月 2日～ 2021 年 1 月 7 日，註 3）。

　而且，零股交易金額總額較低，就算是高價股，買 10 股也不會有那麼高的心理壓力。當人人買得起、人人有功練，大家對投資的恐懼就會縮小一點（詳見圖 4）。也就是說，投資人只要遵守紀律操作，設定「定期定額自動扣款」，且不要挑到冷門股（前 20 個交易日的 5 日均量不到 500 張），通常就不會有太大問題。

　基本上，只要買入前花時間做好研究跟選擇，買入後其實只要偶爾看一下就好，不用沒事一直檢查。我們寧可花很多時間挑東西、做好事前比價，而不要事後花時間擔憂及顧東顧西。當物件本身體質好，自然會有良好發展，即使偶遇衰退也會很快自己站起來。

　而且手中只有 1 檔股票時，你會想天天看，但是當你有 20檔股票的時候，相信我，你會懶得看。而當你懶得看股時，才真正能做到「不看盤投資」，這做法對我來講很適用，讓我有餘裕再做其他研究，同時過著愉快的生活，甚至中年轉業發展

註 3：上述 3 檔組合式 ETF 僅作為本書的零股投資的應用範例，並非投資建議，投資人應依照個人想法在市場中挑選感興趣的主題個股，來建構具個人喜好特色的 ETF。

圖4　透過零股投資，小資族能盡早進股市

——買零股的5大優點

進場門檻低	小資也能進場買高價股，本來1張股票要10萬元，現在買1股只要100元
投資不用釘孤枝	建立投資組合人人都行，還能進階組個人ETF
買對股，現金股息勝定存	大盤年均股利殖利率4.22%，遠超過定存的0.8%
試手感，不用花大錢	幾百元、幾千元就有入場券，不像權證會吃歸零膏，也不像期貨選擇權會倒賠
一券在手，車上有我	只要用小錢就能進場感受市場氛圍，不用在旁邊眼紅看別人賺錢

新的事業。

盤中零股交易較盤後買，多了更多撮合機會

　　雖然說小資族可以透過定期定額買零股來參與市場，但到底該用盤中零股交易，還是盤後零股交易呢？基本上，使用定期定額買零股時，無論你想在盤中買或盤後買都行，但你必須清楚兩者之間的差異（詳見表5）！

傳統零股交易是在收盤以後才能掛單買賣，經常等了一整天都不知道有沒有交易成功，而且就我自己的經驗來説，常常在收盤後整個人會鬆散掉，甚至忘記自己有沒有下單。此外，因為盤後零股交易僅撮合 1 次，如果掛錯價格就容易失敗，成交率多半不高。

　　而盤中零股就不同了，在開盤時間交易，且每 3 分鐘撮合一次，很快就知道有沒有成交。由於盤中零股撮合機會增加，多了一點盤中競價的交易感，小資投資人有機會練手感。不過，盤中零股也有幾個需要注意的地方：

　　1. 不可用市價委託，只能用限價委託。

　　2. 如果盤中沒有成交，到收盤就會刪單。

　　3. 盤中零股只能使用電子下單（例如手機 App 下單或電腦下單），不能採用電話下單或人工下單，所以工具就變得相對重要。

　　4. 委託後無法改價，但可以減量或取消下單。

　　除了上述幾點以外，盤中零股還要留意手續費問題。與整張交易相同，盤中零股的交易手續費同樣是 0.1425%，且有電子下單最低 20 元的門檻。也就是説雖然你只買 1 股，卻需要付出 20 元的手續費，但好在各家券商會推出不同優惠，尤其針對定期定額買零股有推出 1 元手續費的，這種好康就可以好好把握。

表5 盤後零股交易僅會撮合1次

——盤後vs.盤中

項目	零股盤中交易	盤後零股交易
委託時間	9:00～13:30	13:40～14:30
競價方式	9:10起第1次撮合，之後每3分鐘以集合競價撮合成交	僅撮合1次，於14:30集合競價撮合成交
買賣成交優先順序	價格優先，同價格則時間優先（第1次撮合以電腦隨機排序）	價格優先，同價格以電腦隨機排序
資訊揭示	每盤撮合後（約每10秒），揭露成交價、量及最佳5檔買賣申報價、量等	買賣申報期間最後5分鐘（14:25～14:30），約每30秒揭露試算之最佳1檔買賣價格
預收款券	◎處置／再處置股：達標後預收 ◎全額交割股：需預收	◎處置／再處置股：達標後預收 ◎全額交割股：無須預收
委託方式	電子式交易	形式不拘
瞬間價格穩定措施	漲跌超過前1次成交價格之上下3.5%，當次撮合延緩2分鐘	無
交易標的	股票、TDR、ETF及受益憑證等（不含認購（售）權證及ETN）	
委託種類	僅得以限價當日有效（限價ROD）進行委託	
委託修改	減量及取消，無法進行改價	
交易限制	不得使用信用交易及借券賣出	

註：1. 處置股票是指股價漲跌幅或是交易量出現異常狀況（例如大漲、大跌、鉅額交易等），被列為注意股票後，仍持續出現交易異常狀況的股票；2. 再處置股票是指近 30 個營業日內，第 2 次（含）以上被證交所發布處置標準的股票
資料來源：證交所

投資熱門零股，仍須檢視財務面評等

在零股盤中交易開始後，市場多所著墨目前最熱門的零股，但其實行情炒熱什麼跟適合的存股標的並無關係。因為我們不是跟著盤面熱度決定要買什麼，還是要看這家公司的體質。

我們依然從前面第 2 章、第 3 章提過的指標來做評等。例如以 2020 年 11 月初所統計出的 10 大最熱門零股，包括台積電、鴻海（2317）、長榮（2603）、元大台灣 50、第一金（2892）、合庫金（5880）、玉山金、台企銀（2834）、元大高股息（0056）及敦泰（3545）等來做比較。若不考慮減資的敦泰，其實可將這 9 檔股票分成權值股、ETF 及金融股 3 大類（詳見表 6）：

1.權值股

權值股中，台積電因為財務體質滿分，評等給滿分 5 顆星；鴻海因為獲利起伏比較大，且近 2 年很多訂單被中國某家公司搶走，所以評等較低。不過，因為鴻海還是持續有在賺錢，所以給 3 顆星。相較之下，長榮海運因為身為景氣循環股的一員，不只獲利波動大，而且是虧錢虧很多、賺錢也賺很多的那種，所以評等就只有 2 顆星。

2.ETF

就 ETF 而言，0050 的評等也是給 5 顆星，0056 則為 4

表6 **台積電、元大台灣50皆為5星評等標的**
——3大類熱門零股總評比

類別	股票（代號）	評等
權值股	台積電（2330）	★★★★★
	鴻　海（2317）	★★★
	長　榮（2603）	★★
ETF	元大台灣50（0050）	★★★★★
	元大台灣高股息（0056）	★★★★
金融股	玉山金（2884）	★★★★
	第一金（2892）	★★★
	合庫金（5880）	★★★
	台企銀（2834）	★★

註：熱門零股清單會隨著市場而變，投資人可定期關注證交所的發布資料，本表
　　僅以 2020 年 11 月所發布的統計資料來說明

顆星。之所以這樣評價是因為小資族多半是年輕人，追求的是
資本的成長，想要快一點獲利，那麼與元大高股息相比，存
0050 是比較好的。雖然說現在 0050 的股價比較貴，但用
零股買也已經可以降低壓力。

3.金融股

　　第一金、合庫金、玉山金和台企銀這 4 檔金融股，其實不
管是零股交易或一般交易都很熱門，主要是股價較為便宜、現
金股利殖利率不低，且多為倒不得的官股銀行。

表7 2020年前3季，玉山金ROE達7.97%
—— 熱門金融股零股體檢

銀行	官股／民股	2020年前3季ROE（％）	平均放款利率（％）	逾期放款比率（％）
玉山金（2884）	民股	7.97	1.94	0.19
第一金（2892）	官股	6.14	1.87	0.29
合庫金（5880）	官股	5.40	1.77	0.38
台企銀（2834）	官股	3.59	1.73	0.48

註：1.資料時間為2020.10；2.放款利率愈高，銀行利差獲利愈好；逾期放款比率愈低，銀行呆帳問題愈少
資料來源：優分析-價值K線、銀行局

　　在財務評等上，唯一的民股金控玉山金給4顆星、第一金及合庫金都是3顆星，台企銀則是2顆星。

　　因為從ROE來看，玉山金2020年前3季繳出7.97%的成績，預估全年度可以超過10%，但台企銀卻只有3.59%，全年ROE低於8%，估計不到5%，已經不符合我們的存股選股標準（詳見表7）。

　　從盈餘品質來看，低利率時代裡，若放款利率高、逾期放款低，代表放款賺比較多且呆帳機率低。玉山金則是放款利率最高，達1.94%；台企銀是其中最低1.73%，逾期放款比率也是台企銀最高，達0.48%，遠高於玉山金的0.19%。所以一

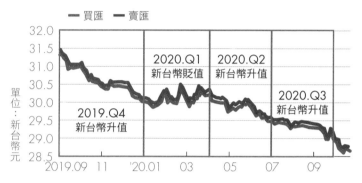

圖5 公司風控能力取決匯率影響獲利程度

◎美元兌新台幣走勢

股票 (股號)	項目	2019. Q4	2020. Q1	2020. Q2	2020. Q3
台積電 (2330)	外幣兌換損益	15.65	3.76	27.79	-35.50
	繼續營業單位損益	1,161	1,171	1,209	1,374
鴻　海 (2317)	外幣兌換損益	-34.58	10.14	23.29	-5.12
	繼續營業單位損益	562	22	254	342
長　榮 (2603)	外幣兌換損益	-0.14	1.46	0.64	4.82
	繼續營業單位損益	-3	-8	38	95

◎3大權值股匯兌損益

註：1. 資料時間為 2019.09.01 ～ 2020.10.20；2. 外幣兌換損益為
外幣兌換利益和外幣兌換損失的總和；3. 繼續營業單位損益為一般
所說的稅後淨利；4. 繼續營業單位損益四捨五入至個位數；5. 表格
單位皆為億元
資料來源：玉山證券

切都可以看數字說話，不需要憑感覺去投資。

最後，由於 2020 年年底新台幣大幅升值成為強勢貨幣，許多人會擔心，以外銷為主的權值股，業績是否會有不小的匯損傷害？要怎麼評估財務體質？這時候可直接觀察近 4 季財務報表的「外幣兌換損益」科目。

從圖 5 可以發現，不管新台幣升值或是貶值，台積電多半都是賺錢。此外，台積電 2020 年前 3 季的匯損金額占獲利還不高，且本業一直往上賺。鴻海跟長榮則是一開始虧損，後面有轉盈，不過整年度都還是有匯兌盈餘，代表這些大公司雖偶有失手，但仍有避險或匯兌操作高手協助鈍化衝擊。

同樣地，未來若新台幣貶值，整個態勢便會翻轉，一樣從外幣匯兌損益科目觀察即可。有的會直接列在損益表，或是在「其他利益及損失」的財務報表附註中可看到。投資人要記住的是，在觀察外幣匯兌損益時，除了看絕對金額，也要記得看其占獲利的比重。

存股野戰隊

(5-1) 選股實戰演練
踏出存股投資第1步

前面 4 章分別解釋了什麼是存股,以及存股所必須了解的數據指標、常用公式,還有邁向成功的心法。相信許多讀者在看完內容後,已經開始躍躍欲試了。

但許多人在開始嘗試之前,面臨到的一個問題便是,「我要怎麼開始?」有了指標、有了公式、有了思想上的準備,卻不知道怎麼開始踏出第 1 步,這就有點可惜了。

因此接下來第 5 章我會帶領各位讀者實際來走一遍,告訴大家應該要怎麼整合書中的內容,並利用各式網站工具,來找出適合自己的投資標的。

實務上我們在挑選存股標的時,需經過下面幾道程序:首先,敲定要觀察的個股名單。其次,設定篩選的財務指標。接著,利用資料庫查詢財務數據。最後,在同產業中比較強弱。

下面,我們就來替大家一一說明。

步驟1》敲定要觀察的個股名單

很多人對於「敲定要觀察的個股名單」不是很在意，但這其實是關鍵中的關鍵。俗話說「好的開始是成功的一半」，選股的第 1 步怎麼走，就決定了後來的命運。

台股有高達 1,700 多檔上市櫃個股，而這些個股的優劣差異極大。若投資人想要一檔一檔找出潛力股不但難度極高，且由於個股數量太多，連篩選的動力都沒了。所以讀者第 1 步應「先縮小打擊目標」，只從潛力股容易出沒的地方著手。

至於該如何縮小選股範圍呢？我推薦幾種方式供各位參考，像是可以參考報章媒體、財經雜誌的介紹，從 ETF 成分股中找尋合適的標的，或是從自身的生活經驗中找尋不錯的個股等，這些都是常見的個股名單來源（詳見表 1）。

名單的好壞見仁見智，但優點就是先幫你過濾了很多資料。從經驗上來看，若一家公司經營績效太爛，在題材清單中也不太會出現、投資專家在介紹中也會直接避開，以免壞了自身的信譽。而這樣做，等同是先幫讀者做了第 1 層的過濾動作。

舉例來說，2020 年台股市場 5G 服務應用大舉興起，各家媒體均大幅報導相關概念類股。假設投資人對 5G 產業的未來應用有興趣，想投入資金參與未來發展機會，在開始搜尋

表1 藉由4大管道來挖掘潛力股

——潛力股出沒來源

管道	例如	特點
報章媒體	經濟日報、工商時報、Google新聞	1.各種題材潛力股的清單彙整 2.最新、最快的數據更新
財經雜誌	商業周刊、《Smart智富》月刊	1.跟著近期時事脈動報導個股動態 2.資訊相對報章媒體較為深入完整 3.有許多優異的投資專家定期分享個股觀點與分析手法 4.雜誌本身風格會影響內容走向，要注意雜誌的選擇
ETF	元大台灣50（0050）、元大高股息（0056）	1.本身為特定選股策略的集合 2.多為中大型成分股
生活經驗	個人接觸	1.貼近日常生活經驗的個股 2.容易跟工作性質大幅重疊

相關資料後，可能會看到類似表2的資料。

　　對投資人來講，光是把要研究的股票從1,700多檔縮減成10檔這件事情，已經替自己省下了許多寶貴的研究時間了，更何況還能藉此過濾掉一些不好的公司。因此，投資人在實際操作時，記得先利用上述幾種辦法來縮小選股範圍。

步驟2》設定篩選財務指標

　　找出要觀察的個股名單以後，我們接下來要做的是，判斷這

表2 透過媒體整理的概念股列表做第1層篩選

——5G中游概念股列表

股號	股名	產業	股號	股名	產業
5388	中磊	網通	3062	建漢	網通
2345	智邦	網通	3704	合勤控	網通
3380	明泰	網通	3234	光環	網通
4906	正文	網通	3419	譁裕	網通
2332	友訊	網通	3596	智易	網通

資料來源：MoneySmart

幾檔個股中，有哪些符合我們對財務指標篩選的要求。畢竟每一檔個股的財務體質有高有低，最理想的狀況當然是來個「大人買」（小孩才做選擇，大人全都要），這樣就不用做太多研究，但這種事情只存在於幻想之中。因為在真實的狀況下，能投入的資金就這麼多，無法每一檔都買，因此投資人勢必要針對個股體質，與個人能投入的資金狀況來進行分配。

至於該怎麼挑選呢？其實很簡單，只要是遇到個股選擇的問題，都優先從財務體質優良的公司買起。因為如果公司的體質不好，不僅無法讓股東分享經營利潤，倒楣一點甚至會倒閉下市，股東將血本無歸！而體質優良的公司則是可以讓股東分享經營成果，就算短期股價沒有起色，也有現金股利的分配可以領取，等到哪天公司再次搭上產業題材，股價自然會跟著反

映。這也是為什麼許多達人在投資時，都會從挑選績優個股開始的道理。

而判斷公司是否為績優公司的方式，可以利用前面章節介紹的一些常用財務指標。不過指標這麼多，要全部都放進個股分析內，難免會有互相衝突的現象，總是必須要做出一些取捨，而我在投資時，偏好有長期經營績效的成長股，故將第 2 章的選股方式再進化，利用「5 ＋ 2」的方式來篩選個股。

其中「5」是指利用 5 種指標判定公司體質狀況；「2」則是指利用 2 種指標判定公司是否具備「有長期經營績效的成長股」特徵。只要讀者好好利用這組「5 ＋ 2」指標，就能快速判定一家公司是否具備優質成長的特徵（詳見表 3）。

也許讀者會覺得疑惑，光靠「5 ＋ 2」指標就可以從整個池子中選出肥美的魚嗎？在市場中還有其他眾多的指標，像是波動率、周轉率、殖利率、配發率、杜邦公式等，是否所有的指標都要學會才能開始投資呢？此外，市面上許多達人都有提到的投資常用指標，是不是也要注意呢？

說實話，依據我過往的投資經驗，過多指標是沒必要的，只要能掌握與熟練我前面介紹的財務指標，就足以解決大多數的判斷問題。至於更細節的部分，像是閱讀財報細項數字判斷子公司金流與投資項目潛力等等，待日後有興趣再深究即可。

表3 用「5＋2」指標篩出長期績優成長股
——篩選存股標的之財務指標

項目		標準	備註
5指標	股東權益報酬率（ROE）	＞8%	篩選財務體質
	本業收入比率	＞80%	
	負債比	＜60%	
	營業利益率	＞0%	
	營運活動之現金流量	＞0元	
2指標	本益成長比（PEG）	0.8～1.5	判斷是否為具長期經營績效的成長股
	現金股利配發次數	10年以上	

投資人一開始會遇到的問題，幾乎都是「看得太多，做得太少」，常想說「等我準備好了」再開始。但問題就在於，什麼時候才是「準備好了」？我常跟學員及朋友分享一個觀念，「市場才是最好的老師。」當你開始投資以後，你才知道自己哪裡做得不好。只站在場邊觀望，永遠都只是看熱鬧的人。因此不要等到萬事俱備才開始投資，只要學會常用的財務指標該怎麼判斷，就可以開始進場試水溫了。

步驟3》利用資料庫查詢財務數據

了解要觀察哪些財務指標以後，接著，就是把相對的數值找出來。一般來說，數據取得的來源有兩種，分別是「公開性資

料庫」與「付費性資料庫」。前者大多是利用證交所與證券商網站所提供的數據資料,而後者則是一般人口中所謂的投資輔助軟體,其優勢在於高度整合數據與圖表,讓使用者可以在最短時間內找到有效的參考數據。

單就數據的正確性來講,其實付費性與公開性資料庫之間並沒有太大差異,因為兩者主要的資料授權來源都是證交所、櫃買中心或公開資訊觀測站。但相較之下,公開性資料庫的資訊會分散在各處,而付費性資料庫會將投資人常用的數據整合在一起。

假若投資人有能力自行整合各種網站的數據資料與繪製圖表,那麼公開性資料庫就可以滿足所有需求。但若投資人沒有足夠能力整合各種數據資料,卻又想快速取得有效的輔助資訊圖表,那選擇適當的付費性資料庫(投資輔助軟體),可以讓你事半功倍。

對於初學者來説,公開性資料庫就已經很好用了。在台股市場投資,其實是一件很幸運的事情,因為各大券商與投信高度競爭的關係,以往各種需要付費才能獲取的數據,現在都只要在網站中輸入個股代號,就能取得大量數據資料。而我們要做的,就是將這些數據資料找出來並加以整合。

但讀者要知道的是,資料庫不是萬能的,上述的「5 + 2」

指標，並不完全都可以利用財務比率年表取得數據，有些必須自行換算數據。像是本業收入比率，需要找出「營業利益」和「稅前淨利」的數值後相除，本益成長比（PEG）則是將「本益比」的數據除以「近 5 年稅後盈餘成長率」。

不過大家也別擔心，「5 + 2」指標除了 PEG 之外，其他數據都不需要花太多功夫，只需要多運用幾次就會熟練了（財務數據查詢方式詳見文末圖解教學）。若是嫌自行計算麻煩，也可以考慮付費性資料庫（例如本書中所採用的「優分析 - 價值 K 線」）。

步驟4》在同產業中比較強弱

找出符合條件的個股以後，下一步就是將它與同業進行比較。投資有個原則，就是「挑同產業的強者」。而同產業強者的意思是指，兩家公司的產品項目類似因此互為競爭對手時，我們要投資其中績效最好的那家。

在這邊提醒一下大家，在挑選個股之前，最好是先了解相關產業，選一個產業趨勢向上的公司，未來的成長性比較容易實現。畢竟俗話是這樣說的：「站在風口上，連豬都會飛！」而這邊的「風口」就是指產業趨勢。你可以想想，在產業順風還是逆風下容易賺錢？想當然耳，自然是順風容易，而且不用賺辛苦錢。

表4 智邦ROE、本業收入比率等皆較明泰佳

公司	5指標			
	ROE（%）	本業收入比率（%）	負債比（%）	營業利益率（%）
	>8	>80	<60	>0
智邦（2345）	42.89	98.50	56.63	10.90
明泰（3380）	1.95	68.20	43.81	1.47

註：1. 資料時間為 2021.02.20；2. 營業利益率＝營業利益 ÷ 稅前淨利
×100%；3.PEG＝本益比 ÷ 近 5 年稅後盈餘成長率；

　　因此，投資人一開始在資金尚未投入之際，挑股當然要選站在順風位置的個股。不然股票一買入還沒看到獲利績效，就先遇到壞消息連番出現，這樣的狀況沒幾個投資人有能耐可以撐住。但每檔個股的產業狀況都不太一樣，這就有賴投資人花時間自行了解狀況了。

　　許多人可能會透過 Google 查詢，卻無法精準做出比較，因為哪家公司比較好，都各有人支持，可是一旦用數據比較，財務上的優缺點馬上就一覽無遺。

　　我們以前述的 5G 題材概念股為例，從中選出「智邦（2345）」與「明泰（3380）」作為比較對象，並利用「5＋2」指標整理成表 4。

——智邦（2345）、明泰（3380）5＋2財務數據

	2指標		
營運活動之現金流量 （億元）	PEG	現金股利配發次數 （年）
>0	0.8~1.5	>10
86.11	0.64	12
3.92	N/A	16

4. 明泰的 PEG 因為數值為負數，故以 N/A 表示
資料來源：元大證券

先來看 5 指標的部分，從表 4 中可以發現，智邦不論是股東權益報酬率（ROE）、本業收入比率、營業利益率或是營運活動之現金流量等，數據表現都優於明泰。雖然智邦的負債比比明泰還高，但還在標準 60% 以內。而且，明泰還沒有達成 ROE 要 8% 以上的最低要求，本業收入比重也遠低於 80%。這些數據都老老實實地告訴我們，這組相同產業競爭對手中，智邦是財務較優異的選擇。

接著看 2 指標部分。就 PEG 而言，智邦是呈現正的 PEG 數據，表示該公司的獲利是連續 5 年正成長，但明泰則是負成長，顯示智邦的成長性優於明泰。而就現金股利發放紀錄來看，兩家公司的現金股利發放次數都超過 10 年以上，皆符合我們的要求。但如果進一步觀察會發現，其實在現金股利的發

放品質上，智邦較為優異。

　　讀者可以仔細觀察明泰的股利政策，在 2015 年及 2018 年，明泰當年度的每股稅後盈餘（EPS）是呈現虧損的狀況。理論上，虧損的公司是無法發放現金股利，但該公司卻利用盈餘公積的部分，將過去的獲利發給股東，創造出連續發放的紀錄。而智邦則是扎扎實實地創下每年都獲利、每年都發放現金股利的紀錄。以此來看，智邦在股利的發放紀錄上較為確實。

　　既然要挑成長股作為存股，自然是挑選正成長的企業。故而就此案例來說，兩相比較之下，智邦就會是在選擇網通受惠股時的較佳 5G 概念股存股標的。日後若讀者發現又有同產業的公司出現，難以抉擇時，就可以用這樣的方式重新做比較，簡單又實用。

前文提到，讀者可以利用「公開性資料庫」或者「付費性資料庫」查詢財務數據，但對於初學者來說，免費的「公開性資料庫」就已經夠用了。因此，下面我將教大家如何利用「公開性資料庫」查到我們所需的財務數據。為了方便作業，我們可以將要查詢的「5＋2」指標做成類似下面這樣的表格。

財務指標比較準備表

5指標					2指標	
ROE	本業收入比率	負債比	營業利益率	營運活動之現金流量（億元）	PEG	現金股利配發次數（年）

至於要用哪一個公開性資料庫查詢呢？我個人覺得，在查詢財務數據上，其實各家券商的網站就很好用了，像是元大、凱基、玉山、兆豐、統一、新光、康和、富邦、永豐、中信、國泰、群益等，每家券商的網站都可以取得個股財務數據資料。以下就以元大證券的網站作為找財務數據的範例。

Step1 首先，進入元大證券網站首頁（yuanta.com.tw/eyuanta/）。接著，在上方「代碼」處輸入想查詢的個股代號。此處以智邦（2345）為例，在上方輸入❶「2345」。輸入完畢後按下❷放大鏡符號。

接續下頁

Step2 頁面跳轉後，就可以一一查詢需要的財務數據了：

1.ROE、負債比和營業利益率

ROE、負債比和營業利益率都能在「財務比率表」裡面找到，查詢方式如下：點選左側列表中的❶「財務分析」，在下拉選單中選擇❷「財務比率年表」。

待頁面跳轉後，即可在右邊的獲利指標下方找到❸「ROE」42.89% 和❹「營業利益率」10.9%。接著，將滑鼠往下拉，在償債能力指標可以看到❺「負債比率」56.63%。

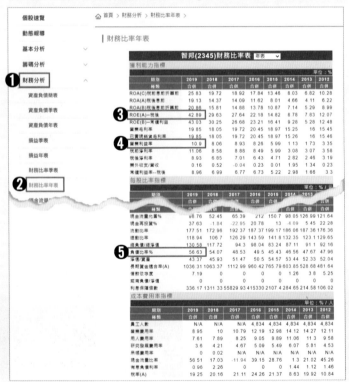

2. 本業收入比率

本業收入比率則需手動計算一下，同樣在左側列表的❶「財務分析」中選擇❷「損益年表」。待頁面跳轉後，即可在右邊看到❸「營業利益」為 6,040（百萬），也就是 60 億 4,000 萬元。將滑鼠下拉後，可以看到❹「稅前淨利」為 6,130（百萬），也就是 61 億 3,000 萬元。

接著，代入公式「本業收入比率＝營業利益 ÷ 稅前淨利 ×100%」就可以算出，智邦的本業收入比率為 98.5%（＝ 60 億 4,000 萬元 ÷61 億 3,000 萬元 ×100%）。

接續下頁

3. 營運現金流量

再來，於❶「財務分析」下拉選單中選擇❷「現金流量年表」。
待頁面跳轉後，即可在右邊看到❸「營運活動之現金流量（來自
營運之現金流量）」為8,611（百萬），也就是86億1,100萬元。

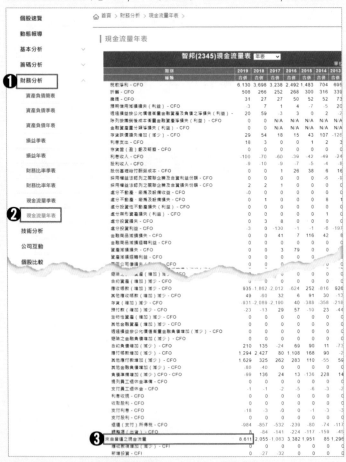

4. 現金股利配發次數

接著，點選左側列表中的❶「基本分析」，在下拉選單中選擇❷「股利政策」。待頁面跳轉後，即可在右邊看到❸公司配發現金股利的年數。

從圖中可以看出，智邦從 2008 年起已連續發放 12 年現金股利，符合近 10 年都必須發放現金股利的要求。而能夠連續發放 10 年以上的現金股利，代表一家公司連續 10 年以上有獲利紀錄，而一個產業的景氣循環大多是 5 ～ 8 年之間，這意味著該公司已撐過景氣循環的考驗，體質與穩定性有一定程度的保障。

接續下頁

5.PEG

PEG 需手動計算一下，而計算所需的「本益比」和「近 5 年盈餘成長率」分別在「基本資料」和「損益年表」裡面可以找到，方式如下（PEG 公式詳細說明詳見 2-2）：

①本益比

點選左側列表中的❶「基本分析」，在下拉選單中選擇❷「基本資料」。待頁面跳轉之後，即可在右邊看到❸「本益比」為 32.22 倍。

②近 5 年盈餘成長率

近 5 年盈餘成長率比較複雜，需先找出該公司近 5 年的「繼續營業單位損益（即稅後淨利）」之後，再手動算一下，方式如下：

點選左側列表中的❹「財務分析」，在下拉選單中選擇❺「損益年表」。待頁面跳轉後，即可在右邊看到❻「繼續營業單位損益」。我們只需要取初值和終值的資料，也就是 6 億 4,300 萬元（2014 年）和 49 億 5,000 萬元（2019 年）。

找到資料以後，代入公式「年複合成長率＝（（終值÷初值）^ （1÷N）－1）×100%，其中 N 指計算複合率的年數」就可以計算出，智邦近 5 年盈餘成長率為 50.4%（＝（（4,950÷643）^（1÷5）－1）×100%）。

到這裡，我們已經知道智邦的本益比（32.22 倍）和近 5 年盈餘成長率（50.4%）了。接著，就可以計算 PEG。代入公式「PEG ＝本益比 ÷ 年複合成長率」以後可以知道，智邦的 PEG 為 0.64（＝ 32.22÷50.4）。

如果公司當年度財報已經有很大的變化，但財務數據上卻只能查詢到當年第 3 季底時，5 項指標都可以採用當年前 3 季資料來看。若投資人想要估算 ROE 全年數據的話，可將前 3 季數值加總後再除以 3/4，大致上推算是否超過 8% 的標準即可。

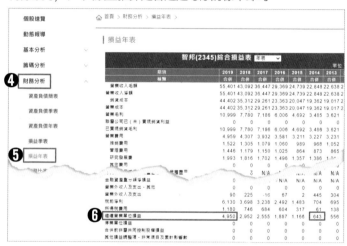

Step3 將上述查詢到的資訊填入一開始的表格中就變成：

公司	5指標					2指標	
	ROE（%）	本業收入比率（%）	負債比（%）	營業利益率（%）	營運活動之現金流量（億元）	PEG	現金股利配發次數（年）
智邦（2345）	42.89	98.5	56.63	10.9	86.11	0.64	12

資料來源：元大證券

5-2 算價實戰演練
投資新手也不怕買貴

　　5-1 透過智邦（2345）與明泰（3380）的比較案例來示範選股實際流程，經比較後發現，智邦是較適合的選擇。接下來要面臨的問題是，應該要如何估價，才不會買貴呢？

若公司評價持續上升，股價難再現歷史低點

　　在這個部分，我會將重點放在「不要買貴」這件事情上，而不是買在最低點，這是投資人經常會產生認知錯誤的誤區。例如，過去公司的股價曾出現 50 元的最低價格，那我們會希望能用最低點的價格來進場。會這樣思考是人之常情，但這取決於公司的評價是上升還是下降，「評價持續上升的公司必須要追價，甚至於溢價，而評價下降的公司才會有比過去更低的價位出現」，請各位投資人務必要將這件事情牢記於心。

　　公司的估價經常會隨著經營績效而調整，例如一家公司過去評價為 100 元，而近年的經營績效拉升了 30%，那麼估價便會跟著調升上去，以符合該公司的現況。

若是用財報估算的話，有其侷限性。通常財報估算出來的價位，我都將其視為「基本價位（也稱為財務面估價）」。在正常的狀況下，是不太可能用基本價位去買進一家公司的股份，大多是遇到市場特殊事件，像是產業寒冬、整體經濟發展不佳、特殊事件打擊等。例如，近期市場記憶猶新的是 2020 年的新冠肺炎（COVID-19）疫情事件造成恐慌，當時所有人都在拋售手中股票，讓許多個股的價位紛紛跌落到「基本價位」以下。

　　現在回頭看，投資人可能會想說，怎麼會有人在最便宜的時候拋售股票呢？反向購入不就能大賺一筆？但我想跟你說，這都是後見之明的說法。**投資市場有句話是這樣說的，「事後諸葛亮，事前豬一樣。」** 在市場恐慌氛圍的當下，能夠冷靜判斷的人並不多，會勇敢進場的人就更是少數了。

　　我當時是在 2020 年 3 月 20 日，股市下跌到 9,200 多點時，開始進場加碼跌深的個股與大盤指數型 ETF。其中，大盤指數型 ETF 十分推薦元大台灣 50（0050）這檔台灣最早發行的 ETF 產品（註 1，詳見圖 1）。

註 1：0050 操作方式的內容可以參考我的另一本著作《ETF 大贏家》，書中詳細介紹我在 2003 ～ 2019 年間對 0050 的實戰操作績效，而其中的加碼章節就準確預測類似 2020 年 3 月 20 日恐慌爆發時，投資人逆向操作的手法與觀察重點，有興趣的讀者可以把書找來看看。

事件過後,股市從 9,200 多點一路上漲到 2021 年年初的 1 萬 6,000 多點,當時布局的個股漲幅均超過 50%,這就是買在「基本價位」的威力。當然這是可遇而不可求的,在一般的投資情境中,用高於「基本價位」來購入是很正常的現象。

依據股價特性,使用不同估價法

基本上,估價法的方式沒有什麼神祕性,只有適不適合的問題。但也請記住,估價法所得到的數值僅是一個基準參考,是否要等到估價價格出現才進場,或是直接溢價進場,都取決於投資人在當下對資訊的判斷。

3-3 有提到 4 種估價方式,分別為高登零成長模型、殖利率法、本益比法和每股現金價值。不同估價法會有不同的適用場景,投資人在使用前要預先判斷哪種估價方式適合在有興趣的個股身上,才能適得其所(詳見表 1)。

基本上,「殖利率法」適用在所謂的高現金殖利率的定存股身上,像是台灣 3 大電信公司(中華電(2412)、台灣大(3045)和遠傳(4904)),就是典型的高現金股利公司。而 5-1 所提到的智邦因近年獲利持續增長,採用「高登零成長模型」或「本益比法」會較為適合。

至於「每股現金價值」,在實務上的使用機會最少,因為可

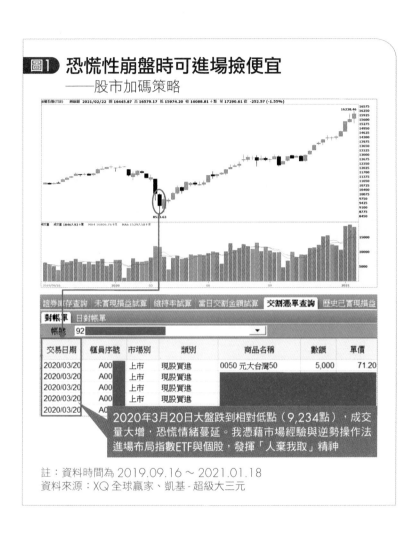

圖1　恐慌性崩盤時可進場撿便宜
——股市加碼策略

交易日期	櫃員序號	市場別	類別	商品名稱	數額	單價
2020/03/20	A00	上市	現股買進	0050 元大台灣50	5,000	71.20
2020/03/20	A00	上市	現股買進			
2020/03/20	A00	上市	現股買進			
2020/03/20	A00	上市	現股買進			
2020/03/20	A0					

2020年3月20日大盤跌到相對低點（9,234點），成交量大增，恐慌情緒蔓延。我憑藉市場經驗與逆勢操作法進場布局指數ETF與個股，發揮「人棄我取」精神

註：資料時間為 2019.09.16 ～ 2021.01.18
資料來源：XQ 全球贏家、凱基 - 超級大三元

能破產的公司，投資人通常避之唯恐不及。但這樣的公司若是帳上現金遠大於負債，就可能會發生被購併或是清算事件，其著眼點也都是在現金價值上。要是帳面現金扣除債務後仍有每

股 5 元的價值，但此時市價卻只有每股 3 元時，中間 2 元的價差就有極大的吸引力。本書會略過此種方法的實務教學，下面僅依序探討該如何運用「高登零成長模型」、「殖利率法」和「本益比法」來計算股票的合理估價。

高登零成長模型》計算成長股保守估價

高登零成長模型是用來保守估算股價的方式，也就是假設企業未來成長性為 0，並依照目前的財報數據來衡量合理價位。高登零成長法有兩組公式（詳見 3-3），我個人較常使用公式 2：「合理估價＝淨值 ×（股東權益報酬率（ROE）÷ 要求報酬率）」的計算模式。

以下用智邦 2019 年財報數據來示範計算過程。從券商網站的財務比率表可以找到，智邦 2019 年的 ROE 為 42.89%、每股淨值為 23.03 元。將數據代入高登零成長模型公式 2，可算出智邦的財務面估價為 123.46 元（＝ 23.03 元 ×（42.89%÷8%），股東要求報酬率依前述章節假設為 8%，投資人可以依自身想法修正該數字）。

若投資人想要更貼近當時（此處以 2021 年 1 月 21 日為例）的市場現況的話，可以考慮修正如下：

1. 將 ROE 改為近 4 季相加的數字：智邦 2019 年第 4 季～

■表1 本益比法為最泛用型的計算方式
——股票估價法及適用情境

方法	公式	適用情境
高登零成長模型（假設盈餘成長率為0）	1.股利÷（要求報酬率－盈餘成長率） 2.淨值×（股東權益報酬率÷要求報酬率）	企業有成長性，股利發放呈現上升，但估價採保守模式（預設企業零成長）
殖利率法	現金股利÷期待殖利率	企業成長性低，現金股利配發率高時
本益比法	預期本益比×預期EPS	泛用型計算方式
每股現金價值	（帳面現金－負債總額）÷總股本	公司有被清算破產的可能性時

2020 年第 3 季 ROE 加總為 37.95%（＝ 8.75% ＋ 7.77% ＋ 9.16% ＋ 12.27%）。

　　2. 將每股淨值取最新 1 季數字：智邦 2020 年第 3 季每股淨值為 23.35 元。

　　將最新季度資料代入高登零成長模型公式 2 推算，則估算結果變為：財務面估價為 110.77 元（＝ 23.35 元 ×（37.95%÷8%））。

　　看到這裡，讀者可能會有點疑問，從稅後淨利的角度來看，智邦可說是每一年都在增長當中（詳見圖 2），將其視為成長股並無不可，用高登零成長模型估價將盈餘成長率設為 0，是

否有低估的現象？這個問題的答案，其實就是我將「高登零成長模型」視為保守估價的原因。

我之所以將盈餘成長率設為０，是假設若公司未來成長動能不再，則該公司的價位應貼近估價結果。但以目前數據來看，智邦的成長率並不為０。故在購入時機點的部分，就只有溢價買進或是當公司發生重大利空時。

殖利率法》計算定存股合理估價

前面有提到，3大電信公司因為獲利穩定且現金殖利率高，採用殖利率法估價較合適，下面就以中華電（2412）來示範殖利率法的估價過程。

從中華電信的股利政策表，投資人可以計算出3個數值（詳見圖3）：

◎近5年（2016年～2020年）平均盈餘分配率（也就是現金股利發放率）為97.72%（＝（99.9%＋97.8%＋95.7%＋95.8%＋99.4%）÷5）。

◎近5年平均現金殖利率為4.414%（＝（3.87%＋4.06%＋4.4%＋4.74%＋5%）÷5）。

◎近5年平均現金股利為4.788元（＝（4.23元＋4.48元＋4.8元＋4.94元＋5.49元）÷5）。

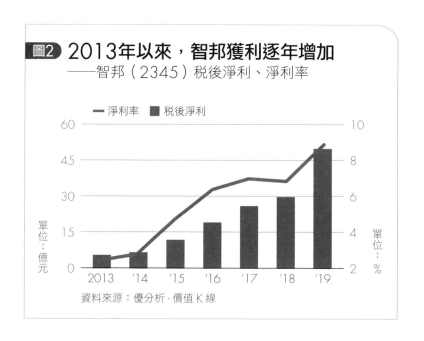

图2 2013年以來，智邦獲利逐年增加

——智邦（2345）稅後淨利、淨利率

— 淨利率　■ 稅後淨利

單位：億元

單位：%

資料來源：優分析-價值K線

從近 5 年平均盈餘分配率高達 97.72% 可以得知，中華電每年的獲利幾乎都以現金股利的方式發放給股東，這樣的公司就非常適合用殖利率法來估算。

若是以中華電近 5 年平均數值來看，在 108.47 元（＝4.788 元 ÷4.414%）的價位附近購入會是較合適的做法。但股價本身具備波動的性質，若期待更高的殖利率表現（例如6%），將數值代入殖利率法的公式「合理估價＝現金股利 ÷期待殖利率」以後可知，合理價格將變為 79.8 元（＝4.788元 ÷6%）。

從上面這個例子會得到兩個數字：

1. 參考中華電近 5 年平均表現：108.47 元為購入合理價。
2. 希望有高殖利率表現：79.8 元為購入合理價。

這時候要取用哪個數值作為買進參考，就取決於投資人本身的想法。

本益比法》計算一般股基本價位

本益比法是一種高度泛用型的估價方式，用一種比較通俗的講法就是，附近的價格是多少，我就花多少錢買進，不會買到很便宜，但是也不會買貴。在房地產市場中類似的概念就是「實價登錄」，投資人可以在每家仲介的實價登錄系統中，輸入有興趣的建案名稱，便可以取得該建案周邊的成交紀錄狀況。假若有興趣的建案近期的出價是每坪 25 萬元～ 28 萬元，那購入時，只要成交價落在這個區間內就可以了，而本益比也是類似的概念。

我們以智邦為例，進行本益比法估價的示範。從 Goodinfo! 台灣股市資訊網中可以找到智邦近 3 年的本益比數據資料（註 2，詳見圖 4）。經計算可以得到，智邦近 3 年的平均本益比數值為 21.32 倍（數值的取樣區間為 2018 年第 4 週～ 2021 年第 4 週）。

圖3 中華電近5年平均盈餘分配率高達97.72%
——中華電（2412）股利政策

* 連續23年配發股利, 合計110.28元　　顯示依據：股利發放年度　匯出XLS　匯出HTML

股利發放年度	股利政策 股東股利(元/股) 現金股利 盈餘	現金股利 公積	現金股利 合計	股票股利 盈餘	股票股利 公積	股票股利 合計	股利合計	股利總計 現金(億)	股利總計 股票(千張)	填息花費日數	填權花費日數	股價年度	殖利率統計 股價統計(元) 最高	最低	年均	年均殖利率(%) 現金	股票	合計	盈餘分配率統計 股利所屬期間	EPS(元)	盈餘分配率(%) 配息	配股	合計
2021	-	-	-	-	-	-	-	-	-	-	-	**2021**	112.5	108	109	-	-	-	-	-	-	-	-
2020	4.23	0	4.23	0	0	0	4.23	328	0	-	-	**2020**	117	103	109	3.87	0	3.87	**2019**	4.23	99.9	0	99.9
2019	4.48	0	4.48	0	0	0	4.48	347	0	38	-	**2019**	114	106	110	4.06	0	4.06	**2018**	4.58	97.8	0	97.8
2018	4.8	0	4.8	0	0	0	4.8	372	0	114	-	**2018**	115	104.5	109	4.4	0	4.4	**2017**	5.01	95.7	0	95.7
2017	4.94	0	4.94	0	0	0	4.94	383	0	121	-	**2017**	111	99.5	104	4.74	0	4.74	**2016**	5.16	95.8	0	95.8
2016	5.49	0	5.49	0	0	0	5.49	426	0	-	-	**2016**	125.5	97.9	110	5	0	5	**2015**	5.52	99.4	0	99.4
2015	4.86	0	4.86	0	0	0	4.86	377	0	14	-	**2015**	101	92.1	97.8	4.97	0	4.97	**2014**	4.98	97.5	0	97.5
2014	2.39	2.14	4.53	0	0	0	4.53	351	0	133	-	**2014**	96.9	89.8	93	4.86	0	4.86	**2013**	5.12	88.4	0	88.4
2013	4.63	0.72	5.35	0	0	0	5.35	415	0	417	-	**2013**	102	90	94.1	5.68	0	5.68	**2012**	5.25	102	0	102
2012	5.46	0	5.46	0	0	0	5.46	424	0	53	-	**2012**	101	87.5	92.2	5.92	0	5.92	**2011**	6.04	90.4	0	90.4
2011	5.52	0	5.52	0	0	0	5.52	429	0	1,155	-	**2011**	111	72.7	96.2	5.74	0	5.74	**2010**	4.91	113	0	113
2010	4.06	0	4.06	0	0	0	4.06	394	0	21	-	**2010**	79	57.9	66.1	6.15	0	6.15	**2009**	4.51	90	0	90
2009	3.83	0	3.83	0	1	1	4.83	371	970	219	219	**2009**	68.2	50	58.7	6.52	1.7	8.23	**2008**	4.64	82.5	21.6	104

資料來源：Goodinfo! 台灣股市資訊網

再利用財務比率表，找到智邦近 4 季（2019 年第 4 季～2020 年第 3 季）的 EPS 數值，分別是 1.94 元、1.86 元、2.08 元和 2.69 元，將之加總就可以計算出年度 EPS 為 8.57 元（＝ 1.94 元＋ 1.86 元＋ 2.08 元＋ 2.69 元）。

算出預估本益比和預估 EPS 後，就可以將數值代入本益比法的公式「合理估價＝預期本益比 × 預期 EPS」中，也就是

註 2：智邦本益比資料網址：goodinfo.tw/StockInfo/ShowK_ChartFlow.asp?RPT_CAT=PER&STOCK_ID=2345&CHT_CAT=WEEK。

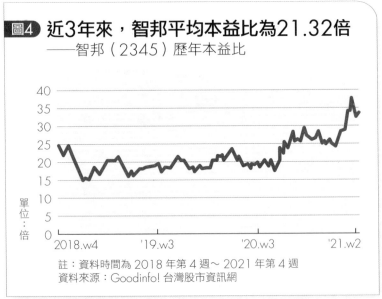

圖4　近3年來，智邦平均本益比為21.32倍

——智邦（2345）歷年本益比

單位：倍

註：資料時間為 2018 年第 4 週～ 2021 年第 4 週
資料來源：Goodinfo! 台灣股市資訊網

182.71 元（＝ 21.32 倍 ×8.57 元）。

從前述計算可知，智邦在本益比法的估算下，得到的 182.71 元為「基本價位」。但當時（2021 年 1 月 21 日）智邦的市價已經來到 285.5 元（詳見圖 5），表示目前的溢價程度達 56.25%（＝（285.5 元－ 182.71 元）÷182.71 元）。

那要不要溢價去追呢？這就取決於投資人對個股成長性的判斷。如果投資人覺得公司未來的成長性很大，就可以考慮適度

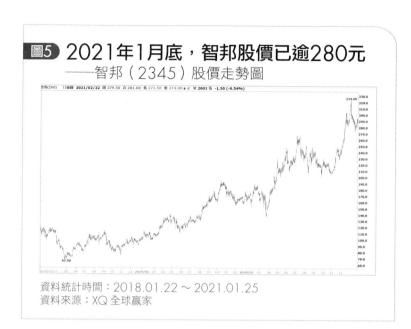

圖5 2021年1月底，智邦股價已逾280元
——智邦（2345）股價走勢圖

資料統計時間：2018.01.22 ～ 2021.01.25
資料來源：XQ全球贏家

投入。但基本上，對於溢價程度那麼大的股票，我會建議多想一下，畢竟台股市場中有那麼多股票可以選，何必單戀一檔股票呢？

將估價視為參考基準點，而非絕對值

從上述的3個例子來看，投資人要有一個認知，估價法主要是計算目前個股所呈現的相關財務數字，所換算出來的「基本價位」。同一家公司在不同估價法計算下會得出完全不同的答案（也有少數公司3種估價法計算出來的結果會很接近），

至於哪種才是正確的呢？你可以說三者算出來的基本價位都正確，也可以說都不正確，因為光是「何謂正確」這字眼上就有很多討論。我自己主要是將這3種方式計算出來的數字當成「判讀貴俗的基準點」。

舉例來講，要是估價出來是100元，則：

◎若目前市場價格是95元，那意味著是相對便宜。
◎若目前市場價格為110元，那意味著貴了一點。
◎若目前市場價格為250元，那就是差太多了。

實務上我大多是這樣來運用（註3）：

◎**高登零成長模型**：當成純財務面數據的換算參考價。
◎**殖利率法**：用在歷年殖利率穩定，且現金股利發放率超過70%以上的公司（現金股利發放率愈高愈好）。
◎**本益比法**：判斷目前市場近年平均價位狀況。

若以智邦來看，利用高登零成長模型計算出來的估價為110.77元、本益比法的估價為182.71元，計算當時的股價為285.5元。

註3：每檔個股狀況均有差異，需多加練習。

這樣的數字組合，我的解讀會是這樣的：智邦在財務面估算出來的底價會落在 110.77 元的價位，而近年的投資人平均價位落在 182.71 元。我若現在要進場買入，需要比平均價位的溢價達 56.25%，才能購入。

　　至於這樣的溢價值不值得、是否提前反映未來成長性的預期，就有賴於投資人對該公司了解程度的判斷。

　　在經驗上來看，若是企業本身未發生重大意外或是整體產業沒有利空消息，通常都是要溢價購入。至於溢價程度合不合理，這就跟投資人本身的想法有關，這部分沒有所謂的「標準答案」。當然，你也可以堅持等到估價法中最低的估價數值浮現的時刻才買進，這就考驗投資人本身的耐心。

第 6 章

投資心法論

⑥-1 事前製作「錦囊妙計表」避免衝動投資

　　過往要在股票市場存活下來，甚至變成贏家並不容易，還好現在各種投資及學習資訊都很容易搜尋得到。但其實，如果沒有穩定的心理素質，加上沒有好運氣，不管買什麼金融商品都不太容易有好下場。因此，投資人在了解存股必須擁有的技法後，也必須搭配投資心法才行。

　　就像武功祕笈一樣，有技巧沒有心法難以更上一層樓，有心法沒有技巧則是無法顯化絕世高招，更嚴重的則是走火入魔，愈走愈偏招。就像很多人，從存股到技術分析、波段操作，甚至到當沖、期指，資金愈玩愈少，還有人是把存股的概念拿去買高風險的投資商品，一開始可能還有高利息的甜頭，後面則是血本無歸。

　　因此，本書最後，還是要把我自己可以好好存活在股市，且小有成績的經驗及心法，再次耳提面命地教給讀者。把這些經驗好好內化，搭配上前面的實戰 SOP，至少你們所站的位置已經比很多散戶高出許多了。

我的投資心法主要有 2 個，這一節先教大家如何幫自己做「錦囊妙計」，下一節再教大家如何「分割帳戶」止癢止衝動。

採用直覺式投資，往往落入賠錢下場

什麼是幫自己做「錦囊妙計」呢？說穿了，就是要學會自己做投資決策，並照著執行。我們一般在投資的時候，經常是採用直覺的方式進行交易，像是常見的聽明牌或是小道消息，容易誘使投資人在未經思考的情況下進行個股買賣。然而衝動時做的決定，通常下場都不太好。

曾經有一位學員，姑且稱他為小明吧。小明在多年前聽信朋友的消息，相信某面板產業的上游供應商（A 公司）經營狀況良好，且股價與高點相比明顯偏低，未來上漲的空間可期，便將部分的定存解約，全數買進 A 公司股票。

然而好景不常，小明在買進 A 公司後不到半年，A 公司就傳出庫存偏高、出貨品質不佳，產品遭客戶大幅退貨的消息，股價一落千丈。短短半年，小明投資虧損幅度達 40%。

虧損後小明詢問當初提供消息的朋友，想知道下一步該怎麼走。朋友告知小明不用擔心，可以持續加碼，於是小明再度進場攤平。無奈 A 公司經營始終未見起色，甚至陸續傳出資產處分的消息，最終小明投入的資金虧損了 70% 以上，於是死

心退出投資市場,在退休前未曾再買進任何個股。

在退休後,小明又興起投資的想法,在某次上課的機會中,與其他學員分享投資經驗提到這段往事,內心依舊氣憤難平,我們便將 A 公司作為案例來進行檢討。

檢視 A 公司財務數據的過程中其實可以發現,該公司在小明買進時已連續多年財務體質不佳,導致公司股價隨著經營數字而下滑,並非是股價被市場低估而偏低。對於這種表現不佳的公司來說,在企業體質未見改善的狀況下就持續買進,此種行為實屬不智。

小明在檢討後,承認自己當初不應該被想賺錢的念頭給沖昏頭,進而衝動投資,當時所付出的代價,讓他足足比規畫中晚了 3 年才有足夠資金得以安穩退休。其實小明的例子並非個案,現實生活中,許多人往往因為聽信片面之詞,而為此付出極大的代價。

借助投資決策表,重新檢視判斷是否正確

現今社會,我們凡事都講求快,才代表效率,但是在投資的世界裡,「快」通常意味著衝動。人在衝動時容易做出錯誤的決定,因此我們需要藉由工具協助,阻止自己太快下決定。而在投資時,我最重視的工具,就是個人的「投資決策表」(詳

圖1 投資決策表有財務指標、合理價位等資訊
——投資決策表

投資決策表

判斷意涵	數值分析							
	名稱	項量 ROE 稅後淨利/股東權益	獲利 營益率 營業利益/營業收入	品質 本業比率 營業利益/(營業利益+業外收入)	價格 負債比 總負債/總資產	風險 營運活動現金流 營運活動現金流	成長性 PEG 本益比÷近五年稅後淨利成長率	股利能力 發放次數
5+2指標 篩選個股		>8%	>0%	>80%	<60%	>0	0.8～1.5	>10
	中華電(2412)	8.74%	19.6%	97.4%	19%	72,427	NA	24次以上

	項目 要求	現金發放率 70%	本益比法(1)	高登零成長法(2)	獲利率法(3)
三公式 估合理價位	標準公式	現金發放/EPS	EPS×平均本益比	淨值×(報酬率ROE/8%)	平均現金發放率/平均現金殖利率
	中華電(2412)	98%	102.8	54.4	108.5

PS：上述數值僅供參考，實際計算結果應以下數據為準

市場利多 /利空事件	利多事件：
	利空事件：

註：圖中個股數據僅為參考
資料來源：玉山證券

見圖1）。

　各位應該都有開車的經驗，車子發動後上路前，必定要做的工作便是看著儀表板確認車子的各項訊息是否正常。**倘若儀表板上的訊息異常，為確保自身安全，下一個步驟不會是開車上路，而是通知維修廠協助進行車輛檢測。**

　將這樣的觀念套用在投資上也是一樣，要進行投資前，就要先拿出投資決策表看看，自己對於投資所在乎的確認數值是哪些？每一項是否都合乎標準了才考慮掏出資金進行投資。

例如，將書中所使用的指標的估算結果，製作成一個輔助判斷表，在投資之前強迫自己要先取得所有數據，並分析判斷以下項目：

◎財務數據是否符合期待？
◎進行財務面估價計算，判斷個股目前價位是否可以接受？
◎收集近期相關利多／利空消息，進一步掌握資訊。

透過表格的數據強迫自己重新梳理情緒與判斷，不要因為一時聽到的利多就衝動投資。

其實我們每天都在做決策，小至中午要吃什麼，大至要買哪間房子，在每個關頭做出決策，會決定接下來要往哪個方向走。不過人生中的每個第一次，都會猶豫再三，例如吃一家有名餐廳或是買一款家電，甚至是要不要結婚、生小孩，我們常會倚賴別人寫的食記或是開箱文，可是如果同樣的決策再來一次，不用花太多時間就可以快速做出決定（詳見圖2）。

換言之，這就是一種經驗的累積。在經驗累積的過程當中，心智會為特定狀態預做特定決策，之後當事件再次發生時，心智會提出適當的建議。經驗累積愈多，對於心智建議的信任感愈高，準確度也會上升。那麼，應該要怎麼將這樣的心智模式套用到投資上？是否有適當的做法可以讓我們來模仿這樣的過程，為自己建立投資模式？

圖2 經驗不斷累積後，可以更快速做決定
——決策經驗累積圖

第1次發生事件	第2次發生事件	第3次發生事件
陌生、猶豫、不知該如何是好	有部分經驗、心情穩定	迅速決策、氣定神閒

3步驟寫下「錦囊妙計表」

繞了這麼一大圈討論這些，正是因為在我過往的教學過程中，不斷地遇到學員提出類似的困擾，希望可以獲得「明確的答案」。但其實透過自己的經驗所累積的心智決策力，才是最好用的。畢竟靠別人得到魚，不如自己真正學會釣魚。因為不管是否從別人那裡得到答案，別人都不會為自己的投資以及人生負責。而當人能為自己每個決策負責任時，投資能力也才會進步。

我個人過往的實務經驗，便是用以下步驟來製作個人的「錦囊妙計表」（詳見表1）：

1. 列出觀察個股時要做的事情，並將之排序（事件經過及編號）。
2. 寫下不同階段個人經常會遭遇到的投資問題種類，並將

問題的實質意涵寫下來，例如問題為「投資失利」，那投資失利在個人的定義上是指什麼？

3. 遇到該問題時，打算要怎麼處理（對應方式）？記住，要先寫下個人事前承諾，這很重要。

將所有的問題寫在同一張紙上，以後出問題時，則取出該張紙檢視對應做法。

這張紙可以稱之為「錦囊妙計表」，也就是事前就將投資決策及 SOP 都寫好，當事情發生時就能照辦。這個做法最重要的關鍵在於「事前」，絕非是在「事件中」去制定做法。

兩者的差異在於，「事前」規畫做法就如同是在心智放鬆的情況下，將他人的經驗（例如：書中的知識、投資達人的策略等）寫下，協助心智做出決策；在「事件中」心智正處於焦慮狀態，就如同溺水的人只要見到浮木就只想趕快抱住，至於浮木的品質好壞就不是重點了。

因此，在事件當下整個人身心都處於焦慮時，所做出決策品質必然低劣，更多的時候是人云亦云去執行決策，事後感到萬分後悔。例如，「若是金融風暴再次出現的話，將房子拿去抵押全壓上去買股票」，卻忘記自己當時是躲在一旁發抖。或者是「早就看到 XXX 股有上漲的潛力」，但那檔股票也不過是自己曾經看好但無作為的眾多企業中之一。又或者是，當財經

表1 事先設想各種投資狀況，才不會手忙腳亂

表1 事先設想各種投資狀況，才不會手忙腳亂
——錦囊妙計表

事件經過及編號	潛在問題	對應方式
1.取得個股的產業資料	找不到產業分析報告	跟財經社團成員或營業員索取
2.取得個股的財報資料	財報數字品質不佳	取得年報資料確認會計師評語
3.界定財務指標分類	弄錯指標	研究產業性質，選取有代表性的指標
4.設定財務標準	標準設定數字混亂	先設定不可低於的數字，再依產業性質設定
5.估算合理價位	估價錯誤	依據財務資料回看歷史數據驗證準度
6.建立監測清單	適合的個股不足	參考雜誌推薦清單，並自行驗算財務數字
7.定期察看股價變化	一檔一檔看很麻煩	在財經網站建立監測清單
8.定期確認財報數字變化	要找資料很麻煩	利用Excel套用分析模式
9.合理價位出現時執行動作	沒錢可以買進	建立投資帳戶儲金計畫
10.確認賣出理由與買進判斷是否一致	財報買進、技術線型賣出	僅選用一套投資邏輯
11.確認為產業問題或經營問題	錯殺個股	檢查同一時期的同性質公司財務資料

報導喊出「現金為王」的時候，彷彿有魔力般打動正在猶豫的自己，也給了自己足夠的藉口拒絕投資，但回過頭來看卻是錯過了最佳時機（俗稱的底部）。

總之，在腦中不斷告訴自己：「下次若是再發生時，就應該要如何如何去做」，這種我們稱之為「馬後砲型」的投資風格，就是活在一個「回不去的假設」當中，容易造成自己有能力做正確決策的錯覺。但其實這樣做的學習效果十分有限，畢竟類似的反省並不常發生，且不足以觸發心理動機與形成足夠的經驗。下次再經歷時，恐怕也早忘記上次的害怕與教訓，一次又一次犯下相同的錯誤，這就是所謂的「散戶命運」。

留下印象深刻的書面紀錄，勝過在腦中反省

　　在金融大鱷索羅斯（George Soros）的《索羅斯金融煉金術》一書中有提到這樣的一段話：「我在日記裡，寫下我投資決定有關的想法。這個實驗相當的成功，我的基金從來沒有比當時的表現更好過。」在這裡面所談到的是一種記錄的力量，一種真實面對自己的力量。

　　我們的腦海中常閃過無數的念頭，但這些想法都是沒有根據的，甚至是已經知道結果的念頭，就好比「早發現 XXX 有增值的潛力、早知道 XXX 被低估……。」就實際情況而言，人對於未知的預測準度很低，但由於過度的自信與故意忽略犯錯紀錄的結果，使得我們誤以為自己的預測很準。但有了書面紀錄，可以讓你面對自己真實的結果（詳見圖3）。

　　在事件發生的當下，立即寫下看法並依據自己投資決策表所

圖3 **透過觀察紀錄檢視對個股的看法**
——中信金（2891）觀察紀錄

DATE 02/14/20 ☑個股分析 ○產業分析 ○操作分析 ○新聞分析 ○其他

投資摘要：

觀注重點：

1. 肺炎造成市不確定性

2. 中概股影響性增加（預曲 2~4月營收獲利下滑）

3. 倒惦機率大增，金融股被聯想呆帳數字上升，股價下滑。

4. 2019全年獲利約 2.2，目前本益比約為10倍（EPS 1.85 → 2.2）目前略低，評價合理

5. 2891中信金，ROE為金融股最佳表現，預期現金股利 2.2×55% = 1.21，股價落在 19~22 區間可考慮

上述，您看好(利多) / 壞(利空)？

下一步如何決策？

☐ 中立觀望

☑ 操作(買) 賣 股價：19~22 張數(1張1000股)：

　　　　停損點： 無，　停利點：26~27.

回顧

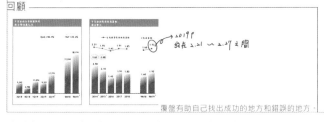

2019戶 約在 2.21 ~ 2.27 之間

覆盤有助自己找出成功的地方和錯誤的地方。

資料來源：優分析-價值K線、中信金法說會資料

做的判斷，等到事後再回顧驗證，可以有效幫助我們誠實面對自己在特定時間點的想法，並且修正投資決策表，而不是放一堆的馬後砲。

投資人若不能真實面對自己想法的正確性，那麼要持續修正自己的投資技巧就有很高的難度，畢竟人只會在錯誤中學到正確的經驗，卻不會在成功中記取失敗的教訓。若是心智狀態維持在自己可以成功預測的假象當中，那等在前方的恐怕不是康莊大道，而會是一場終生難忘的財務災難。

除了投資決策表之外，若想重新檢視自己過去做法與擁有的經驗，還可以在事前先為自己做一張錦囊妙計表，將過去最常遇到的問題及痛點，及下次決定如何處理的方法，全部都書寫下來。那麼，下次在投資路上的決策時點就不會再那麼迷惘，因為有自己的錦囊妙計表協助，自然可以逐漸消弭一再反覆卻沒有進步的馬後砲論調，進而提升個人的投資績效。

2技巧強化投資心理

長期存股不動心

　　看完投資心法的錦囊妙計表之後，接著，來教大家如何止癢止衝動。長期投資其實是一種知易行難的投資方法，畢竟長期持有手中部位不動心、不買賣向來就是件挑戰人性的事情。只要是挑戰人性，放棄總是比堅持容易些，只是長期投資的豐美果實便就此無緣。

　　很多時候，即使決定要存股，也開始製作了自己的投資決策表、錦囊妙計表，甚至投資日記都開始寫了，存股投資人還是會受到盤勢的上下起伏，以及各種誘惑與干擾的影響，這時候該怎麼應對，才能堅持存股不動心呢？

　　教學這麼多年來，不時會得到許多學員中途放棄長期投資，或是改弦易轍的回饋。例如自己的持股每天看都幾乎沒有動，抱這麼久績效怎麼這麼差？一問之下才知道，對方只抱了 3 個月；又或者是得到少數人才知道的小道消息，據說賺錢的機率很高，來問我能不能用財務分析判斷；又或者有很好的投資管道，說是 1 年保證 10% 以上的獲利，但最低金額要數十萬

元……，這些例子是否很熟悉？

不管何時或是在何人身上發生，這些都一定會擾動存股投資的心，甚至是心癢難耐做出衝動的決定，例如把錢轉去做更快回報的交易，結果又輸得一塌糊塗。一下存股、一下波段操作，搞到最後做長做短都賠錢。那究竟該怎麼做，才能有效止癢止衝動呢？

技巧1》分割長短期投資帳戶

實務上，投資人的通病就是不斷在市場中鑽研賺錢的管道，或是跟別人（跟飆股）比較自己報酬率。既然這些是人類天性，要強硬阻止它自然也是很困難。與其一直制止自己，到最後一次爆發衝動（就像是節食減肥到最後大吃反而更肥），這時候其實可以用另一種投資技巧「分割帳戶」，來分散注意力與滿足買賣衝動。做法如下：

1. 再開立一個「獨立」投資帳戶（最好是不同券商）及銀行帳戶來做短期投資。

2. 設定長期資金與短期買賣資金比率，常見建議為長期資金85%、短期資金15%。

3. 將手中拿來投資的資金部位，對應長短期投資帳戶比率存入對應帳戶內。

4. 設定自動轉帳，每月固定將可動用餘額依比率存入兩個

帳戶內，但兩個帳戶之間不能設定約定轉帳功能。

設立短期買賣帳戶的性質就像是個止癢藥。當心中出現交易衝動時，既然很難禁止，倒不如順從它的出現、滿足它的期待，讓想法自然浮起也自然消失。就像我們的購物衝動一樣，有的時候不見得是真的需要，而是想要。但是當某個欲望被撩起時，最快的止癢方式，就是馬上擁有它。套用在投資帳戶上也一樣，有衝動想交易時，就用短期帳戶買賣止癢，當衝動被滿足消失後，想動用長期帳戶的念頭就會更少一些，存股投資的成功率自然提高。

不過要注意的是，投資人在「分割帳戶」時，「設定資金比率」跟「自動轉帳」是必要步驟。因為習慣是種後天養成的過程，運用系統方式建立，能幫助習慣更快速地養成。

而「長短期投資帳戶之間不能設定約定轉帳功能」是為了增加短期買賣交易的不便利性，來減少短期交易的次數。這就好比用信用卡網路購物或電子支付現場免現金付款，會讓人常常不小心買了很多想要，但不需要的東西。但如果得採用去ATM 轉帳甚至去銀行匯款時，你的購物欲望就會下降，想要買的那些東西就有可能一直停留在購物車中沒有出貨。

投資帳戶也是這樣。當你把短期交易開在不同券商甚至用不同銀行帳戶，兩個帳戶間也絕對不能設定約定轉帳，讓轉帳匯

款的動作不要那麼容易,就會強迫自己在買進前再多想想,這次的買進決策是否正確。

也曾有人將投資的帳戶與密碼都交給另一半保管,要買進前都得先跟對方說明理由,雙方皆認為不錯後才進行投資。這樣其實也有家庭成員共同承擔的意味,避免任一方因衝動投資而造成家庭失和的狀況。因此,若想品嘗長期投資的甜美成果,就先試著幫自己多開一個止癢用的短期買賣專戶!

技巧2》用「三不一要」原則避免揠苗助長

想止癢止衝動還有第 2 個投資技巧,就是「不要每天檢查你的投資部位」。先說一個揠苗助長的故事:戰國時期,有個宋國人每天下田都嫌禾苗長得太慢,著急之下,就突發奇想把禾苗一株株往上拔,回家後還向家人誇口說:「我今天幫禾苗長高了!」他的兒子聽了,趕忙跑到田裡去看,只見本來綠油油的禾苗全都枯死了。

為什麼這位宋國人會這麼著急呢?不就是因為一直看、每天看,覺得禾苗都沒長高,就自作聰明地處理?結果就是禾苗統統死光光!長期投資就跟那個禾苗類似,原本應該是長放 3、5 年的投資部位,一下因為今天新聞消息不好看一下,一下因為產業傳出雜音又看一下,一下又因大盤走勢不好再看一下。看著看著就開始自我懷疑,當初為什麼會買進這幾檔股票。

情緒一不好就忽然覺得，這檔股票好像自己也不是那麼看好。在猶疑之後，長期投資部位就馬上被砍個精光。等到被砍掉的股票之後漲上來，就重複 6-1 說的馬後砲型投資風格。這也是為什麼我說，「破壞存股投資計畫最好的方法，就是每天檢查長期投資。」為了避免長期投資如同被拉高的禾苗一樣，可以採用「三不一要」的長期投資原則：

「不要」挑選當年度熱門題材存股

在多數的時間裡，我們對於新聞照單全收的機率高於仔細分析的機率，主要是生活過度忙碌，造成我們對新聞內容不再深入地思考，只憑標題及當下的感覺就決定該則新聞的可信度。不挑熱門股可減少新聞的誘惑，以免消息太多無法判斷時，會擾亂心情及投資步調。

「不要」以高價買進

股票投資有個重要的原則就是「寧可沒買到，也不要買貴了。」沒買到頂多是錯過一次可能的獲利機會，但是買貴了卻會陷入容易虧損的風險當中。兩相權衡之下，不要買貴是保有獲利機會、減少虧損的好方法。

「不要」每天檢查，最好忘了它

每天檢查只會讓自己陷入焦慮的比較情緒當中，人並沒有自己想像中的理性且都有選擇性接受訊息的傾向。在每天檢查的過程中，若發現其他未買進的個股產生正報酬，便容易陷入悔

恨的情緒之中。而且通常都是沒買進的股票最會漲,買進的股票卻都像是一攤死水一樣,動也不動,其實這就是選擇性接收所造成的結果。弄清楚自己的部位性質並減少關注,自然就避免陷入比較的情緒當中。

「要」基於財務穩健的原則選股、持股

長期投資當然是要基於財務穩健(年年能獲利)的前提來進行,能上市櫃的公司至少都已經成立 10 多年,這樣的企業理應有財務經營的基礎。若發現一家公司連年無法穩定獲利,老是依靠夢想、利多來維持,這肯定有問題。

投資就像是種下一類種子,不僅需要時間來灌溉與滋養,也必須歷經風雨的試煉,最後才能順利長成一株堅強的大樹,而且這絕非 1 個月、3 個月或是半年可以達成的。

雖然說存股不需要每天觀察,以避免早夭,但也要降低自己哪天手癢砍樹的風險。用以上系統性方法協助自己跟人性的脆弱面相處,長久下來自然能收割甜美果實,提高投資報酬。

用存股實現不盯盤生活,提早達到財務自由

到這裡,全書已經告一段落。基本上這本書的內容,是我將多年來在台股實戰經驗的濃縮精華,可稱得上是最強存股祕技。當你將書中的技巧學會以後會發現,人生其實很不公平,

因為和期指、當沖、技術分析等投資方式相比，存股其實不難，既不需要太多複雜的公式，也不用時時盯盤，更不需要每天進進出出的進行交易動作，只要利用幾個財務指標選出好公司，趁低價買進之後，基本上就沒什麼要做的，後續只要定期追蹤就行。

這種投資方式就如同是將資金交給一位可靠優秀的經理人，並請他持續不停地工作幫你賺錢，而自己要做什麼？放下投資躁動的情緒，其他就交給時間與企業家證明其價值。

而若是選擇以當沖、技術線型的方式進場投資，那持續盯盤、頻繁交易與情緒焦慮共舞只是必然的後果，那這真的是你想要的嗎？值得思考一下。

不盯盤後，多出來的時間可以用來增進自己享受更多生活樂趣，可以稱得上是躺贏。倘若為了投資，而失去了生活品質，豈不是得不償失？若你能夠將此書內容好好吸收的話，相信你也能像我一樣，讓好公司幫你不停賺錢，早日達到財務自由的目標。

國家圖書館出版品預行編目資料

躺著就贏　人生就是不公平：股魚最強存股祕技／股
魚著. – 一版. – 臺北市：Smart智富文化出版：城邦
文化事業股份有限公司發行, 2021.03
　面；　公分
ISBN 978-986-99847-2-0（平裝）

1.股票投資 2.投資分析 3.投資技術

563.53　　　　　　　　　　　　　　110002297

Smart 智富

躺著就贏 人生就是不公平

股魚最強存股祕技

作者	股　魚
文字整理	許家綸
企畫	周明欣

商周集團
執行長	郭奕伶
總經理	朱紀中

Smart 智富
社長	林正峰
總編輯	劉　萍
總監	楊巧鈴
編輯	邱慧真、胡定豪、施茵曼、陳婕妤、陳婉庭、劉鈺雯
資深主任設計	張麗珍
版面構成	林美玲、廖洲文、廖彥嘉

出版	Smart 智富
地址	104 台北市中山區民生東路二段 141 號 4 樓
網站	smart.businessweekly.com.tw
客戶服務專線	（02）2510-8888
客戶服務傳真	（02）2503-5868
發行	英屬蓋曼群島商家庭傳媒股份有限公司城邦分公司

製版印刷	科樂印刷事業股份有限公司
初版一刷	2021 年 03 月
初版十四刷	2022 年 11 月
ISBN	978-986-99847-2-0

為了提供您更優質的服務，《Smart智富》會不定期提供您最新的出版訊息、優惠通知及活動消息。請您提起筆來，馬上填寫本回函！填寫完畢後，免貼郵票，請直接寄回本公司或傳真回覆。Smart 傳真專線：（02）2500-1956

1. 您若同意 Smart 智富透過電子郵件，提供最新的活動訊息與出版品介紹，請留下電子郵件信箱：_____

2. 您購買本書的地點為：☐ 超商，例：7-11、全家
☐ 連鎖書店，例：金石堂、誠品
☐ 網路書店，例：博客來、金石堂網路書店
☐ 量販店，例：家樂福、大潤發、愛買
☐ 一般書店

3. 您最常閱讀 Smart 智富哪一種出版品？
☐ Smart 智富月刊（每月 1 日出刊）　☐ Smart 叢書　☐ Smart DVD

4. 您有參加過 Smart 智富的實體活動課程嗎？　☐ 有參加　☐ 沒興趣　☐ 考慮中
或對課程活動有任何建議或需要改進事宜：_____

5. 您希望加強對何種投資理財工具做更深入的了解？
☐ 現股交易　☐ 當沖　☐ 期貨　☐ 權證　☐ 選擇權　☐ 房地產
☐ 海外基金　☐ 國內基金　☐ 其他：_____

6. 對本書內容、編排或其他產品、活動，有需要改善的事項，歡迎告訴我們，如希望 Smart 提供其他新的服務，也請讓我們知道：_____

您的基本資料：（請詳細填寫下列基本資料，本刊對個人資料均予保密，謝謝）

姓名：_____　　性別：☐ 男　☐ 女

出生年份：_____　　聯絡電話：_____

通訊地址：_____

從事產業：☐ 軍人　☐ 公教　☐ 農業　☐ 傳產業　☐ 科技業　☐ 服務業　☐ 自營商　☐ 家管

您也可以掃描右方 QR Code、回傳電子表單，提供您寶貴的意見。

想知道 Smart 智富各項課程最新消息，快加入 Smart 課程好學 Line@。

● 填寫完畢後請沿著右側的虛線撕下。

104 台北市民生東路 2 段 141 號 4 樓

行銷部 收

●填寫完畢後請沿著左側的虛線撕下。

●請沿著虛線對摺，謝謝。

Smart 智富

| 書號：WBSI0101A1 |
| 書名：躺著就贏 人生就是不公平 |
| **股魚最強存股祕技** |